Oreste Battisti

Intérêts de la recherche collaborative: exemple de la RDC

I0127484

Oreste Battisti

Intérêts de la recherche collaborative: exemple de la RDC

La collaboration Nord Sud est bénéfique en recherche pour tous les partenaires

Presses Académiques Francophones

Impressum / Mentions légales

Bibliografische Information der Deutschen Nationalbibliothek: Die Deutsche Nationalbibliothek verzeichnet diese Publikation in der Deutschen Nationalbibliografie; detaillierte bibliografische Daten sind im Internet über http://dnb.d-nb.de abrufbar.
Alle in diesem Buch genannten Marken und Produktnamen unterliegen warenzeichen-, marken- oder patentrechtlichem Schutz bzw. sind Warenzeichen oder eingetragene Warenzeichen der jeweiligen Inhaber. Die Wiedergabe von Marken, Produktnamen, Gebrauchsnamen, Handelsnamen, Warenbezeichnungen u.s.w. in diesem Werk berechtigt auch ohne besondere Kennzeichnung nicht zu der Annahme, dass solche Namen im Sinne der Warenzeichen- und Markenschutzgesetzgebung als frei zu betrachten wären und daher von jedermann benutzt werden dürften.

Information bibliographique publiée par la Deutsche Nationalbibliothek: La Deutsche Nationalbibliothek inscrit cette publication à la Deutsche Nationalbibliografie; des données bibliographiques détaillées sont disponibles sur internet à l'adresse http://dnb.d-nb.de.
Toutes marques et noms de produits mentionnés dans ce livre demeurent sous la protection des marques, des marques déposées et des brevets, et sont des marques ou des marques déposées de leurs détenteurs respectifs. L'utilisation des marques, noms de produits, noms communs, noms commerciaux, descriptions de produits, etc, même sans qu'ils soient mentionnés de façon particulière dans ce livre ne signifie en aucune façon que ces noms peuvent être utilisés sans restriction à l'égard de la législation pour la protection des marques et des marques déposées et pourraient donc être utilisés par quiconque.

Coverbild / Photo de couverture: www.ingimage.com

Verlag / Editeur:
Presses Académiques Francophones
ist ein Imprint der / est une marque déposée de
OmniScriptum GmbH & Co. KG
Heinrich-Böcking-Str. 6-8, 66121 Saarbrücken, Deutschland / Allemagne
Email: info@presses-academiques.com

Herstellung: siehe letzte Seite /
Impression: voir la dernière page
ISBN: 978-3-8416-3585-3

Opportunités de recherche en République Démocratique du Congo

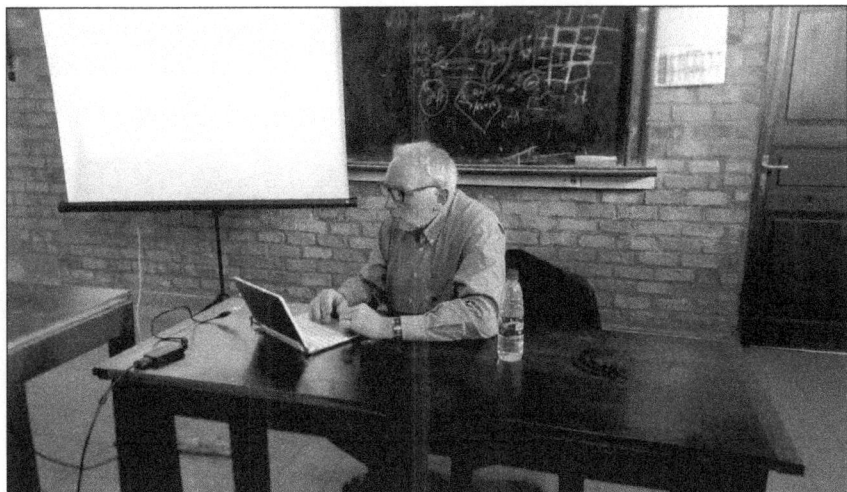

Sommaire

Synthèse

La vision de la médecine doit être à la fois loco-régionale et internationale.

La recherche, qu'elle soit clinique ou fondamentale, doit partir de l'observation clinique et être suivie de la recherche.

Celle-ci a besoin de suivre une méthode rigoureuse et doit porter sur une cohorte suffisante. Les items classiques « objet de la réflexion, hypothèse, matériel et méthode, résultats, analyse et interprétation, conclusion ».

Le financement de la recherche qui est souvent insuffisant, le fréquent manque de cohorte suffisante, la complexité des exigences éthiques, l'oubli du moteur principal pour la recherche qu'est le besoin de trouver une véritable et objectivable explication, sont là les principaux freins.

L'intégration et la concertation entre pays « favorisés » et pays « défavorisés » devient une exigence, car chacune des parties peut aider l'autre dans ce parcours laborieux.

Enfin, si l'on veut vraiment étudier l'influence des perturbateurs de la santé venant d'une « modernisation » de la société et ses produits, la population non encore ou pas trop influencée par elle est une réelle et humainement pleinement justifiée opportunité pour la population subissant les effets secondaires de ses excès.

Introduction

La recherche fondamentale et clinique est un atout majeur pour le progrès en médecine.

Durant ces moments de conférences académiques, mon propos cette fois est de pointer les sujets intéressants pour la recherche dans le domaine de la médecine « mère-enfant » qui concerne la population du Sud Kivu en République démocratique du Congo.

Cette région comporte une population infantile fortement exposée aux infections, à la malnutrition et à la pathologie périnatale. J'ai d'ailleurs, il y a 2 ans, exposé devant les autorités régionales et nationales de la santé publique quelques pistes pouvant répondre à la question : « comment réduire la mortalité infantile ? » (Émission diffusée également par la télévision locale).

Tous ces aspects sont en relation avec la pauvreté de la région. A côté de cela, l'influence des progrès de la civilisation induit un danger de perturber les systèmes endocriniens et immunitaires (« perturbateurs »).

Quels sont les sujets intéressants actuels pour la recherche ?

On peut citer la vaccination de la mère au cours de la grossesse.

En lui administrant (à 20 et 24 semaines) 2 doses de vaccin contre le pneumocoque et le méningocoque, elle devrait produire des anticorps spécifiques qui passeraient le placenta et protègeraient le nouveau-né, le temps que lui-même soit vacciné et produise ses propres anticorps. En effet, ces 2 bactéries sont responsables d'une grande mortalité et morbidité infantiles.

On peut également citer l'analyse de l'état nutritionnel de la femme enceinte.

En effet, la composition corporelle de la femme change au cours de la grossesse. Quels sont les impacts de la mauvaise nutrition sur l'évolution de la grossesse. Les études épidémiologiques ont montré l'association d'une grande prématurité, d'une prématurité associée à un retard de croissance intra-utérine avec un possible futur avec une hypertension artérielle, une obésité, une insuffisance rénale. Ces sujets feront l'objet d'études prospectives en collaboration avec l'équipe obstétricale locale.

Les perturbations de l'immunité épithéliale.

De manière plus large, un sujet concerne l'avenir d'un grand nombre d'enfants. Il s'agit principalement de l'immunité épithéliale qui peut être perturbée par une série de facteurs de mieux en mieux définis. Ce dernier sujet concerne aussi bien la vie postnatale que la vie intra-utérine. Les perturbateurs en question peuvent même concerner la fonction placentaire.

Un domaine corollaire étant l'asthme bronchique, la dermatite atopique et les allergies aux provocateurs aériens (pneumallergènes) et alimentaires (trophallergènes).

Le contenu des exposés de ces jours-ci reprend les éléments de base et leur actualisation dans :
- La recherche

- L'écriture et la publication d'articles

- La physiologie et la physiopathologie de l'immunité épithéliale

- La physiologie et la physiopathologie de l'asthme

Pourquoi parler d'opportunité pour le Congo ?

Parce que ce beau pays, de haute tradition africaine, est un des centres d'intérêts pour le monde, liés à ses énormes ressources naturelles qui concernent entre autres l'agronomie, la médecine vétérinaire et l'exploitation des minerais. Mais aussi la médecine. La population « naïve » dans le sens physiologique, sera progressivement confrontée aux perturbateurs venant de la modernisation de la société.

Dans un espoir d'évolution vers l'amélioration de la santé de la population, celle-ci peut offrir les cohortes nécessaires aux études en médecine permettant d'encore réduire la mortalité infantile qui est principalement due aux défauts de la nutrition, aux infections, aux phénomènes de dys-immunité (terme qui signifie que l'immunité n'est pas adéquate : trop ou trop peu active)

Le concept du « décret paysage » mis en place par le ministre Marcourt en région francophone de Belgique prend ici toute sa place : mettre en relation les moyens des uns et des autres (par exemple les universités, en relation avec les firmes pharmaceutiques) afin d'éviter une perte d'énergies intellectuelles et financières liée au manque de ressources matérielles et humaines, y compris les cohortes nécessaires pour aboutir à des conclusions scientifiques.

Un bon exemple de l'utilité de ce partage des connaissances et des efforts pour les améliorer est la mise-en-place des banques de données en « open Access ». Les universités de part le monde se tournent vers ce genre de service, la gratuité des téléchargements et visualisations permettant un échange des données et la possibilité pour des pays moins nantis ou moins favorisés d'avoir accès à des références. ORBI est ce service à l'université de Liège.

Les universités dans le monde sont classées (« ranking ») selon différents critères dont les publications.

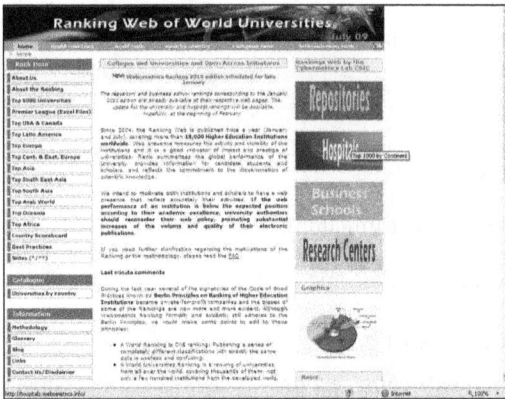

Les universités les mieux classées sont localisées dans les pays mettant le plus de montants financiers pour la recherche. Actuellement, les universités belges sont classées entre les 200 et 300° places.

Comme on peut le voir dans le tableau ci-dessous reprenant les publications me concernant, l'Afrique comme d'autres pays dans le monde profite de cette opportunité dans le téléchargement gratuit et la visualisation des publications.

ORBi : Oreste Battisti Nombre de téléchargements par pays
1° Afrique :   29 % 2° France :   25 %

3° Belgique : 11.5 (en dehors ULg)

4° USA :   6%

Nombre de visualisations par pays
1° Belgium (en dehors ULG) 33 %

2° ULG 17 %

3° France 14 %

4° Afrique 12 %

Nombre de téléchargements par pays Origine	Téléchargements	Pourcentage
France	19326	25.24
Algeria	11629	15.19
Belgium	8812	11.51
Morocco	4733	6.18
United States	4607	6.02
Tunisia	2911	3.80
Canada	2142	2.80
ULg	1633	2.13
Europe	1422	1.86
China	1310	1.71
Senegal	1278	1.67
Madagascar	1225	1.60
Congo, The Democratic Republic of the	1134	1.48
Cameroon	1083	1.41
Cote D'Ivoire	946	1.24
Switzerland	851	1.11
Germany	772	1.01
Haiti	712	0.93
Cambodia	600	0.78
Lebanon	540	0.71
	67666	88.38

Nombre de visualisations par pays Origine	Visualisations	Pourcentage
Belgium	4217	32.58
ULg	2200	17.00
France	1830	14.14
United States	1008	7.79
Algeria	597	4.61
China	486	3.75
Canada	345	2.67
Tunisia	279	2.16
Morocco	250	1.93
Congo, The Democratic Republic of the	165	1.27
Germany	113	0.87
Switzerland	109	0.84
United Kingdom	99	0.76
India	64	0.49
Russian Federation	55	0.42
Rwanda	55	0.42
Italy	50	0.39
Cote D'Ivoire	50	0.39
Netherlands	44	0.34
Cameroon	41	0.32
	12057	93.15

La recherche

Dans les différentes formes de recherche, il faut surtout distinguer la recherche clinique et la recherche fondamentale.

Le principal moteur de la recherche
est
la recherche
de la véritable et
objectivable
explication

Explication à une interrogation apportée par l'observation clinique

Le clinicien doit garder le rôle de moteur principal, celui qui délivre une réflexion.

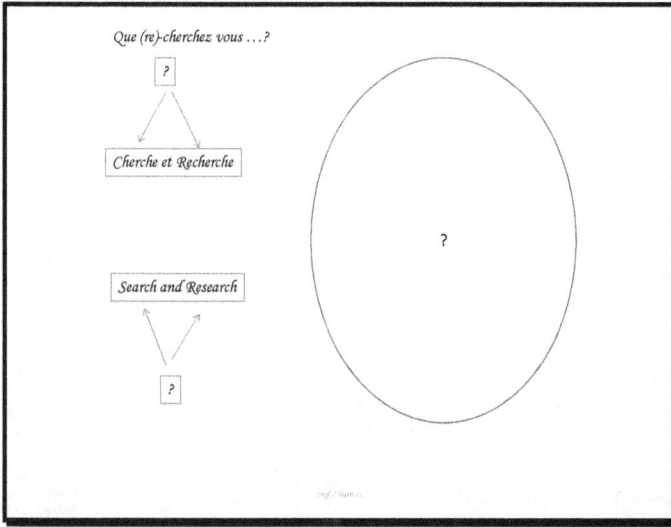

L'observation clinque est faite par une personne déjà expérimentée (médecin, infirmière) ou peu expérimentée (étudiant, assistant, parent out tout autre professionnel de la médecine ou en dehors de la médecine).

Ainsi, dans une certaine limite, toute personne est potentiellement « chercheur » d'une explication.

Celle-ci doit alors suivre une démarche scientifique

Présentation de la démarche scientifique

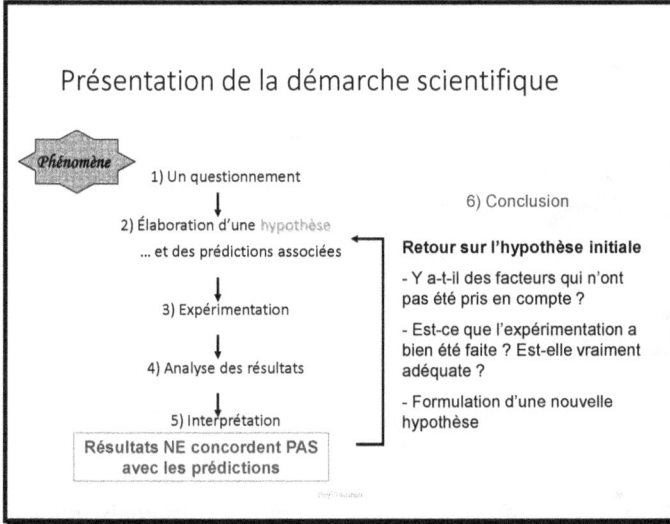

Un processus de démarche s'enclenche, qui inclut des éléments qui sont parfois bloquant :

Le budget, les ressources matérielles et humaines. Force est de constater que, dans la plupart des pays, les moyens mis à disposition sont trop faibles.

Il est considéré que le montant dédié à la recherche fondamentale doit représenter
2 % du PIB

La plupart des pays sont en-dessous de ce montant

Les firmes restent un partenaire important, mais il ne peut pas y avoir de conflit d'intérêt

Les études interventionnelles, notamment pharmacologiques, sont devenues très difficiles

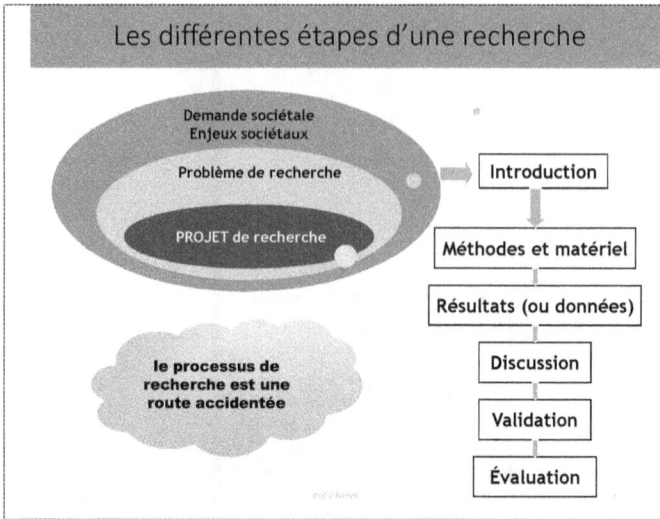

Les différentes étapes d'une recherche

Demande sociétale
Enjeux sociétaux

Problème de recherche

PROJET de recherche

le processus de
recherche est une
route accidentée

Introduction

Méthodes et matériel

Résultats (ou données)

Discussion

Validation

Évaluation

Au bout du processus, les résultats doivent toujours revenir sur l'hypothèse initiale qui est soit confirmée soit infirmée.

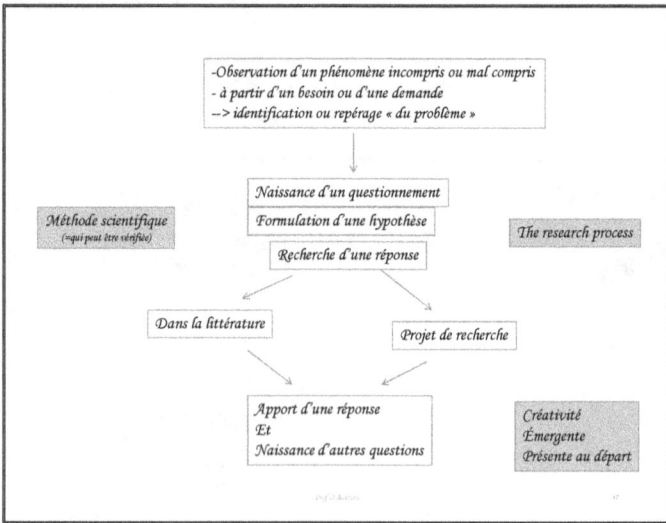

-Observation d'un phénomène incompris ou mal compris
- à partir d'un besoin ou d'une demande
--> identification ou repérage « du problème »

Naissance d'un questionnement
Formulation d'une hypothèse
Recherche d'une réponse

Méthode scientifique
(=qui peut être vérifiée)

The research process

Dans la littérature

Projet de recherche

Apport d'une réponse
Et
Naissance d'autres questions

Créativité
Émergente
Présente au départ

Quelles sont les principales thématiques concernant la recherche chez l'enfant ?

Si on se réfère au diagramme ci-dessous, la RDC, pour les aspects abordés précédemment, est concernée pour environ 65 % des thématiques : ce qui représente une source considérable dans les cohortes nécessaires dans le processus de la recherche.

Répartition des thématiques

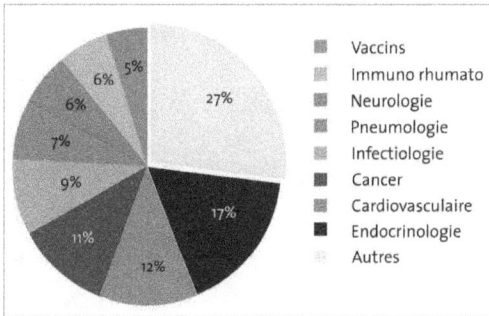

- Vaccins — 27%
- Immuno rhumato — 17%
- Neurologie — 12%
- Pneumologie — 11%
- Infectiologie — 9%
- Cancer — 7%
- Cardiovasculaire — 6%
- Endocrinologie — 6%
- Autres — 5%

Ceci est particulièrement important car, en pharmacologie de l'enfant par exemple, environ 90 % des principes actifs n'ont pas été testés chez l'enfant. Nombre de prescriptions se font « hors cadre de connaissances suffisantes » ou AMM.

Beaucoup de médicaments sont mal « connus » chez l'enfant

Utilisation hors AMM, France		
	Nb de prescription	Hors AMM
Nouveau-né	116	70%
Bébé	1327	27%
Enfants	896	30%
Adolescent	84	35%
Total	2423	31%

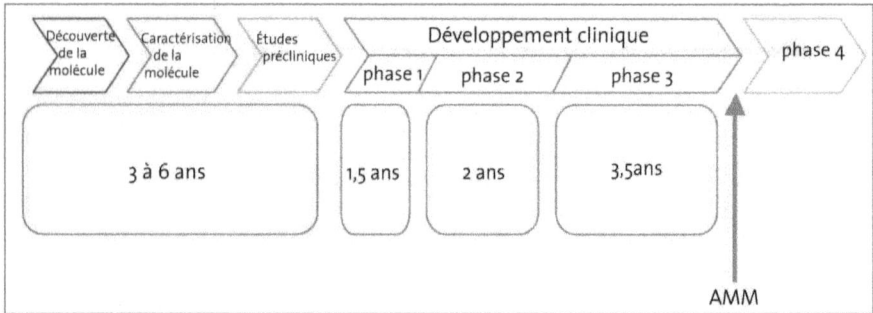

Le diagramme montre le temps qu'il faut pour chacune des étapes concernées par l'étude d'un produit thérapeutique (« longue route »).

Cela concerne les médicaments, mais d'autres produits comme ceux par exemple utilisés dans la nutrition ne respectent pas ce processus. Dans ce cadre, les périodes peuvent être écourtées pour arriver à un total de 3 ans au lieu de 8 ans.

Dans des pathologies comme les cancers, les périodes peuvent également parfois devoir être écourtées lorsque le cancer en question a un mauvais pronostic (cancer du pancréas ou de la vessie).

Comme on peut le voir sur les diagrammes décrivant « la longue route », la taille des cohortes et l'estimation du coût, la place de la population concernée dans le processus de recherche est considérable.

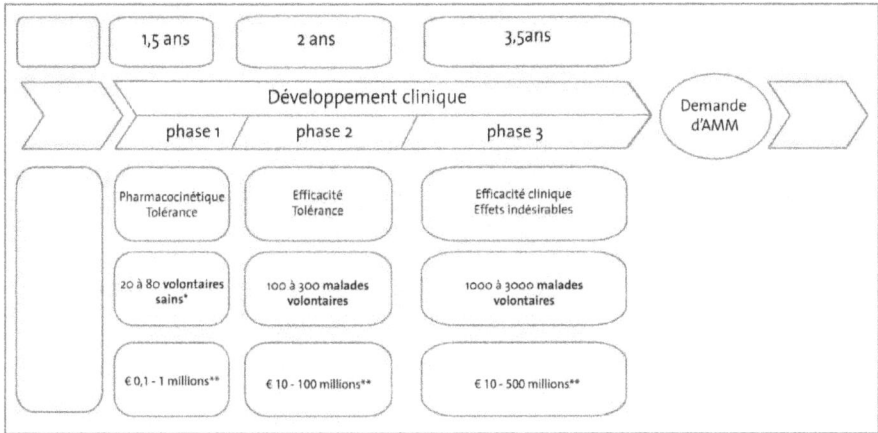

	1,5 ans	2 ans	3,5ans	
		Développement clinique		Demande d'AMM
	phase 1	phase 2	phase 3	
	Pharmacocinétique Tolérance	Efficacité Tolérance	Efficacité clinique Effets indésirables	
	20 à 80 volontaires sains*	100 à 300 malades volontaires	1000 à 3000 malades volontaires	
	€ 0,1 - 1 millions**	€ 10 - 100 millions**	€ 10 - 500 millions**	

Tout cela, de plus, doit se faire dans le respect des exigences légales, éthiques et statistiques.

Voici, en encadré, les exigences de la législation en Belgique :

Une double autorisation est nécessaire avant de pouvoir débuter une étude :
* Avis obligatoire d'un **comité Ethique** > évaluation :
    * De la valeur scientifique de l'étude
    * Du rapport avantages/risques
    * Du consentement informé du patient (IC) & de la méthode de sélection
    * De l'assurance
    * De la compétence du chercheur et de la capacité des équipements
* Autorisation des autorités (**Directorat Général Médicaments**), évaluation du dossier chimique-pharmaceutique et du certificat GMP (Good Manufacturing Practices)

L'écriture et la publication d'articles

Que publier ?

- Un livre (traité ou précis) sous forme papier ou électronique

- Un mémoire, une thèse

- Un article scientifique ou journalistique qui peut prendre plusieurs modalités

■ Article original

■ Revue générale et mises au point

■ Revues iconographiques

■ Faits cliniques

■ Notes techniques

■ Editoriaux

■ Lettres à l'éditeur

A titre d'exemple

➜ **La revue générale et la "mise au point" : essai de**

- Fixer : l'état d'un sujet Rassemble les arguments critiques parus dans la littérature, en discute la pertinence et ajoute des commentaires suggérés par sa propre expérience (état des lieux)

- Cela nécessite une expérience importante sur le sujet, souvent sollicitée par le comité éditorial

→ **L'article original**

  - Objectif principal : rapporter un fait nouveau, non encore publié, ou apporter un nouvel éclairage. Résultats fondés sur une série conséquente

  - Sa structure générale comporte les sections suivantes

- Le résumé comporte environ200 à 250 mots

- Les Objectifs

- Matériels et méthodes

- Résultats (bruts et analyse statistique)

- Conclusion (comme dans l'article)

- Résumé en Anglais ou Abstract

- Mots clés

- Référence bibliographique

- Annexes avec tableaux et figures.

Pourquoi publier ?

Le plus souvent c'est la résultante d'une volonté d'apporter une Information (connaissance nouvelle, utile), l'intention sous-jacente étant :

- **un but   pédagogique (éducatif)**

- **un but promotionnel (renommée, reconnaissance, carrière)**

Il est important, dans le concept de partage des connaissances, de publier le résultat d'une réflexion isolée ou en méta analyse, ainsi que le résultat d'une recherche. Le fait de ne publier que ce qui a « réussi » est une erreur ! Ainsi, avec l'expérience, on peut acquérir un esprit critique sur un écrit, et si l'on est proposé par une maison d'édition ou un éditeur, on devient « reviewer ».

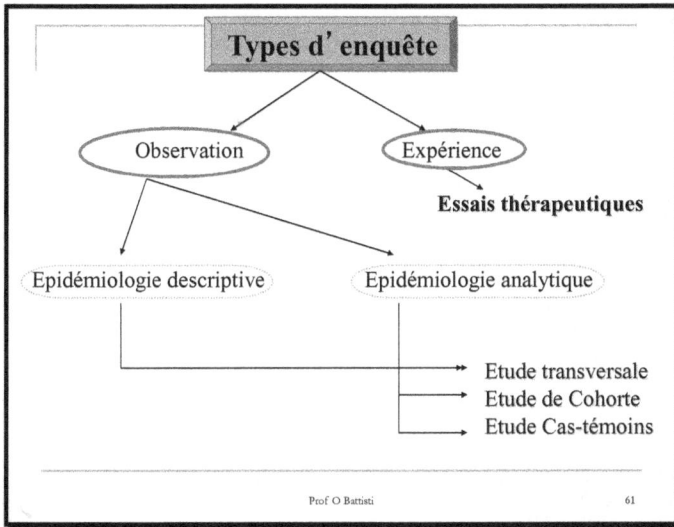

Types d' enquête

Observation   Expérience

Essais thérapeutiques

Epidémiologie descriptive   Epidémiologie analytique

Etude transversale
Etude de Cohorte
Etude Cas-témoins

Prof O Battisti   61

Méthodes possibles lorsque l'on aborde l'analyse de l'effet d'un traitement

Double aveugle (insu) : ni l'investigateur, ni le patient ne connaît la nature réelle du traitement ; évaluation du critère de jugement en aveugle

Simple aveugle (insu) : l'investigateur connaît le traitement, pas le patient

Ouvert : le traitement est connu de tous

La cohorte ou « patients » est constituée de Groupes identiques

❑ même type de patients

❑ même stade de la maladie, etc.

■ qui ne diffèrent que par le traitement appliqué

■ Les deux groupes doivent être suivis de la même façon

■ Evalués de façon objective

■ Double aveugle et placebo

■ Pas de perdus de vue

■ Si, à la fin, il existe une différence, celle-ci n'est due qu'au traitement

Le mieux est d'adopter les études prospectives en double aveugle

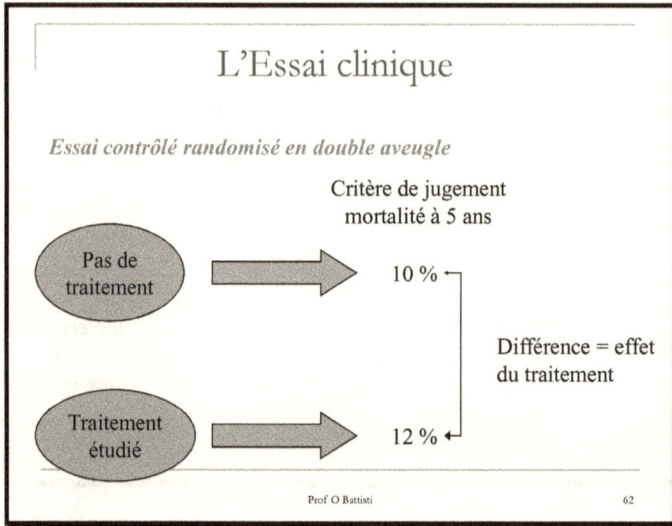

L'Essai clinique

Essai contrôlé randomisé en double aveugle

Critère de jugement
mortalité à 5 ans

Pas de traitement → 10 %

Différence = effet du traitement

Traitement étudié → 12 %

Prof O Battisti   62

Il est important de bien vérifier tous ces items afin d'éviter les biais.
Biais de sélection

❑ différence dans le pronostic de base des patients

❑ Biais de réalisation

❑ différence dans le suivi et les soins appliqués aux patients

❑ Biais d'évaluation (de mesure)

❑ différence dans l'évaluation du critère de jugement

❑ Biais d'attrition

❑ différence au niveau des "sorties" d'étude

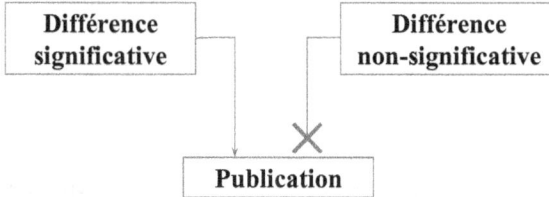

Pour le clinicien, il est important d'avoir des protocoles de soins bien établis.

Il lui faudra souvent faire un choix dans une littérature qui est devenue trop fouillée. Pour cela, il lui faut développer un esprit critique. Si, à l'occasion, une démarche scientifique est élicitée, il lui faudra suivre une méthode rigoureuse, aboutir à des résultats qu'il lui faudra publier.

La physiologie et la physiopathologie de l'immunité épithéliale

Quels sont les domaines concernés par cette pathologie ?

La pathologie infectieuse occupe une part importante dans la mortalité infantile.

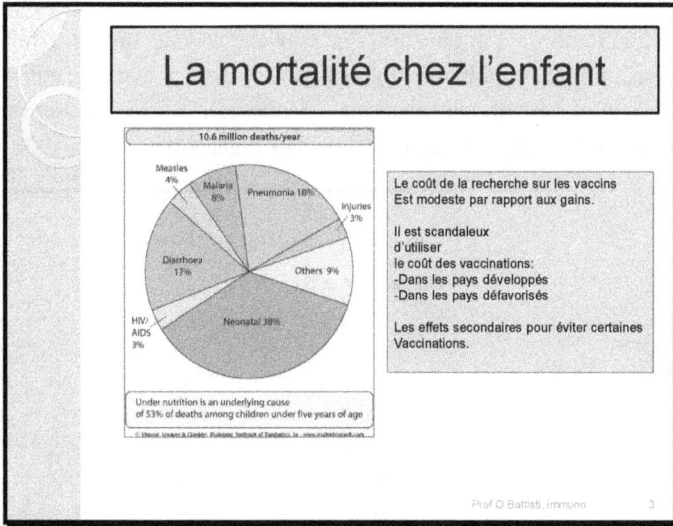

- En dehors de cela, on peut citer également :

◉ les Maladies inflammatoires du tube digestif

◉ les Maladies inflammatoires de l'appareil respiratoire

◉ la dermatite atopique

◉ les Déficits immunitaires

◉ les Cancers

◉ D'autres sans doute…

L'abord préféré est la prévention de l'installation de ces pathologies. Pour cela, il faut avoir compris le mécanisme.

Celui-ci est évident dans les pathologies infectieuses, pour lesquelles les vaccinations et l'immunothérapie spécifique sont développées.

De manière plus globale, l'allergène contenu dans un organisme infectieux, dans un aliment, dans un médicament, dans l'environnement, peut provoquer le système immunitaire du sujet. La résultante étant, dans les bonnes situations, la naissance d'une bonne défense avec une mémoire allant de 10 à 25 ans. Dans les moins bonnes conditions, la naissance d'une pathologie auto-immunitaire pouvant concerner différents épithéliums de l'organisme : en contact avec le milieu extérieur (peau, épithélium respiratoire, épithélium digestif), sans contact avec le milieu extérieur (synovies, barrière hémato-encéphalique, néphrons). Cette auto-immunité peut également concerner n'importe quelle cellule de l'organisme.

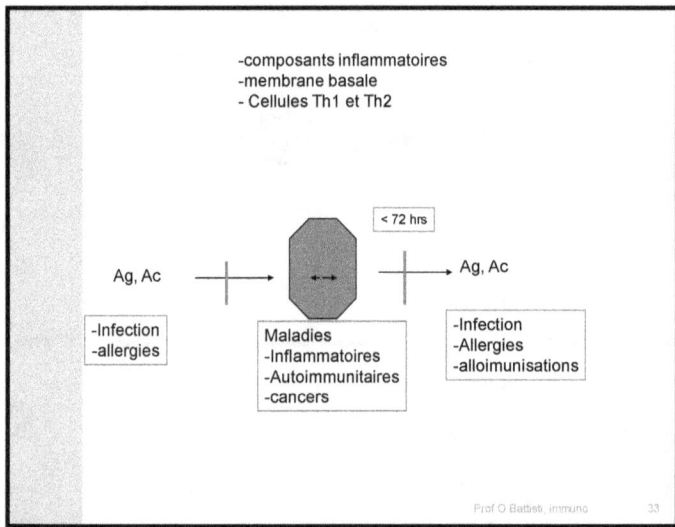

La perturbation du système immunitaire est la base de beaucoup de maladies dans tous les pays

Afin de comprendre le mécanisme de la dys-immunité et l'hyper-réactivité immunitaire responsables de ces pathologies, il faut reprendre les explications de l'immunité dans ses différentes composantes (innée et acquise, cellulaire et humorale).

Rappel de l'immunité

⊙ **« innée » (10 %):**
= Barrières anatomiques, cellules
   dendritiques, phagocytose, complément,
   interféron, CRP.
⊙ **« adaptative »** .
En réponse lors d'une confrontation à des
   antigènes ou des provocateurs:
- Humorale (70 %)
- Cellulaire (20 %)

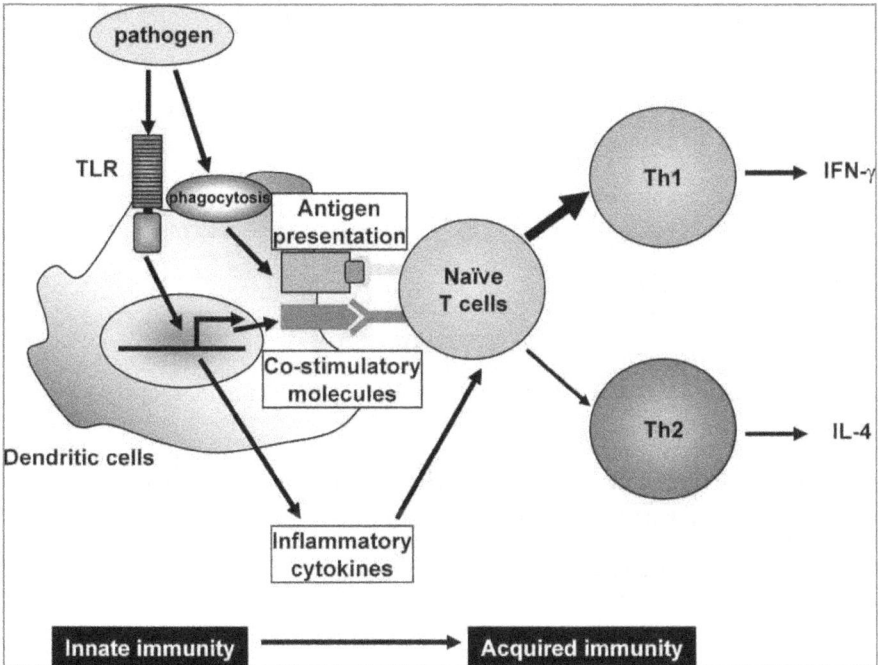

Oreste Battisti, Opportunités de recherche au Congo

Dès le plus jeune âge et même in utero :

Réponse normale

Lors d'une infection par un pathogène, la réaction inflammatoire associée conduit à la différenciation des cellules dendritiques matures.
Ces dernières activent alors les cellules T CD4 naïves et induisent leur différenciation en cellules effectrices (Th1, Th2 et TH17).

L'épithélium intestinal Possède des TLR qui reconnaissent les bactéries commensales

Au niveau apical, TLR moins réactifs

Au niveau basal, TLR plus réactifs

→ HOMEOSTASIE

Le TLR a un rôle dans la maturation et l'éducation du système immunitaire pour la modulation de la réponse effectrice→ tolérance des bactéries commensales + réaction aux bactéries pathogènes

Colonisation intestinale: Les bactéries commensales participent à la mise en place d'une muqueuse mature

Les bactéries commensales conduisent à l'expansion des LT CD4+ ainsi que celle des LT régulateurs (CD4+ et CD8+) dans les ganglions mésentériques.

->Education des cellules T:

->induction de facteurs proinflammatoires (cytokines).

->Production de IL10 et stimulation de cellules T reg -> immunosuppression et tolérance

En absence de bactéries commensales : mauvaise/absence de mise en place de structures immunitaires spécifiques à l'intestin

La bactérie commensale éduque le système immunitaire en vue d'induire une tolérance

---

Quels sont les effets du microbiote sur l'immunité?

Quand absence de TLR : colonisation de la rate par les bactéries àles bactéries sont passées dans la circulation par franchissement de la barrière épithéliale ànon du à une rupture de la barrière épithéliale

L'absence de TLR (Myd88 -/-) augmente la production d'anticorps en présence de bactéries commensales → L'immunité adaptative est activée dans un cadre où elle ne l'est normalement pas

- Les bactéries de la famille des Clostridium(SFB) induiraient la réponse immunitaire intestinale;

- La colonisation par SFB induit la production de IL17, IL10 et IFNγpar des cellules CD4.**SFB est un composant de la microflore indispensable à la maturation des cellules T de l'intestin;**

- SFB induit l'expression de IL17, IL10, du ligand de CD40 et IFNgdans les plaques de Peyer**SFB a un effet stimulateur sur l'immunité au niveau des plaques de Peyer**

-

- La flore intestinale précoce ainsi que les Allergènes « présentés » précocèment à la muqueuse Intestinale sont importants pour l'immunité et la tolérance (= balance et Treg et Th17)

- La barrière intestinale = glycocalix, jonctions, IgA sécrétoires, l'acidité gastrique, les défensines, les enzymes digestives.

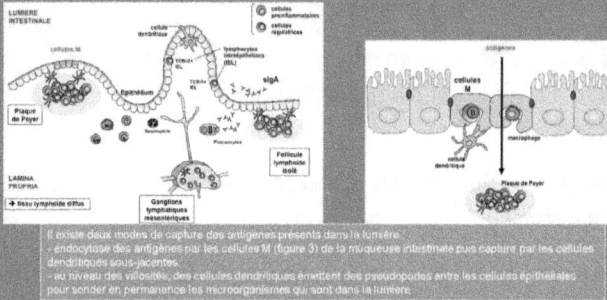

La mise en route de la réponse immunitaire épithéliale

- L'étape de la reconnaissance immunitaire « de soi »
- L'étape de la tolérance immunitaire « de ce qui n'est pas soi »
- Arrivée de « l' antigène » par voie cutanée, mucosale ou sanguine= un fragment organique ou non organique, une cellule en bon fonctionnement à soi ou greffée, ou en fonctionnement chaotique/anarchique, un microorganisme;

  présentation de l'antigène à une cellule T ou B, qui l'amène à un nodule lymphoïde ou au thymus (surtout les B)

  Transmission de l'information et des directives à l'ensemble du système de défense, immunitaire et non immunitaire (sécrétines, chimiokines, intégrines, cytokines, récepteurs)

  « homing lymphocytaire » des Ly T et B prêts à être activés et donner les instructions

La perturbation de ce bon équilibre peut induire des réactions inflammatoires locales,

Mais aussi dans le foie, le pancréas, les articulations.

Et ces réactions peuvent être auto-immunitaires.

- L'autoimmunité peut s'installer:
  - Soit parce que le seuil est anormalement bas
    - Prédisposition génétique (« hyperexcitabilité » intrinsèque, manque de lymphocytes T régulateurs, etc.)
    - Faiblesse spécifique de la barrière pour un autoantigène donné
  - Soit parce que le signal du soi est trop intense
    - Rupture de barrière (y compris acides nucléiques du noyau)
    - Contexte inflammatoire (cytokines inflammatoires telles que IFN-α, génération de second signaux via CD28+++)
    - Mimétisme moléculaire

D'où l'importance de certains facteurs que l'on peut recueillir lors de l'anamnèse:

- La prématurité

cytokine	Relative expression in NN	Effect of cAMP on production	General function	comment
TNF	↓	↓	Pro-inflammatory; activates neutrophils Th1 response	Spontaneous abortion or preterm labour
IFN alpha	↓	↓	Antiviral; vaccine response	Important for MHC class I expression
INFgamma	↓	↓	Activation of macrophage, Th1 response, IL12 induction	Impaired in neonates
IL 12	↓	↓	Activates celle mediated immunity, Th1 response	Impaired in neonates
IL 1 beta	↓	↓	Endothelial adhesion, fever, acute phase response	Impaired in neonates
IL6	↑	↑	Acute phase response, inhibits tissue neutrophilia, inhibits Treg and promotes Th17	
IL8	↑	<->	Neutrophil chemoattractant	Hypoxia enhances
IL10	↑	↑	Antiinflammatory, inhibits production of TNF, IL1 and IFN gamma	
IL23	↑	↑	Promotes Th17 celles	IL 17 enhances epithelial expression of antimicrobial peptides

- Les antibiothérapies précoces

- La naissance par césarienne

- L'allaitement maternel

- L'alimentation durant les premiers mois de vie

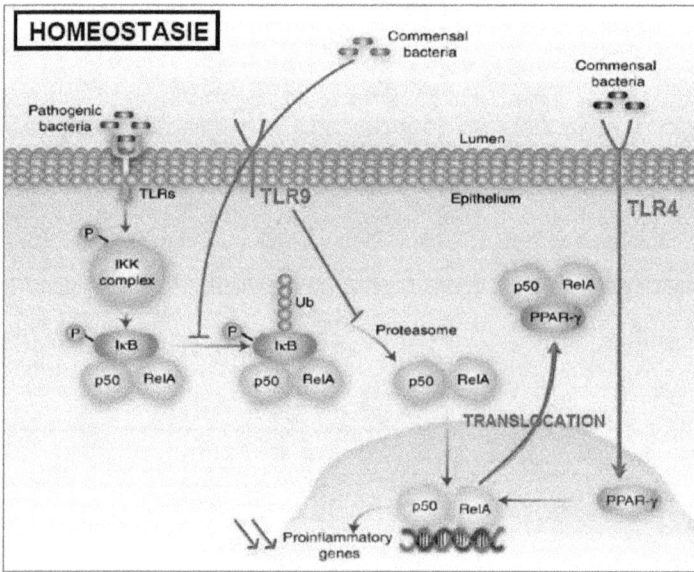

- La signalisation par les protéines Réceptrices du soi sont situées À la surface de l'épithélium : TLR et dans le cytosol: NOD 1 et NOD2

- Lors d'une infection par un pathogène, Ou lors de la perte de la tolérance, la réaction inflammatoire associée conduit à la différenciation des cellules dendritiques matures. Ces dernières activent alors les cellules T CD4 naïves et induisent leur différenciation en cellules effectrices (Th1, Th2 et TH17).

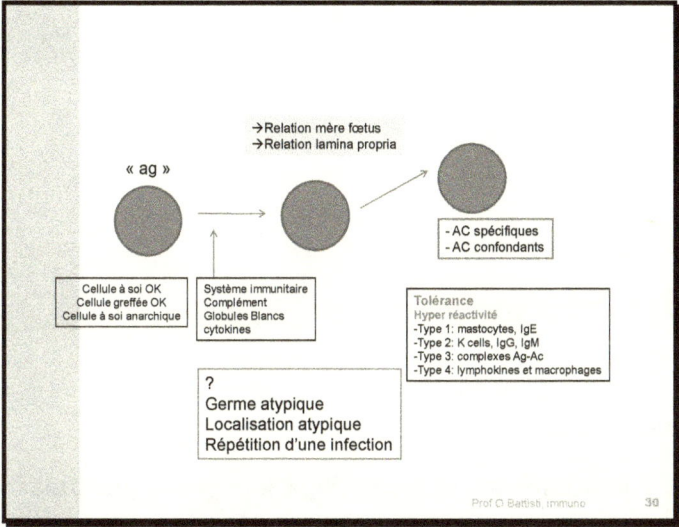

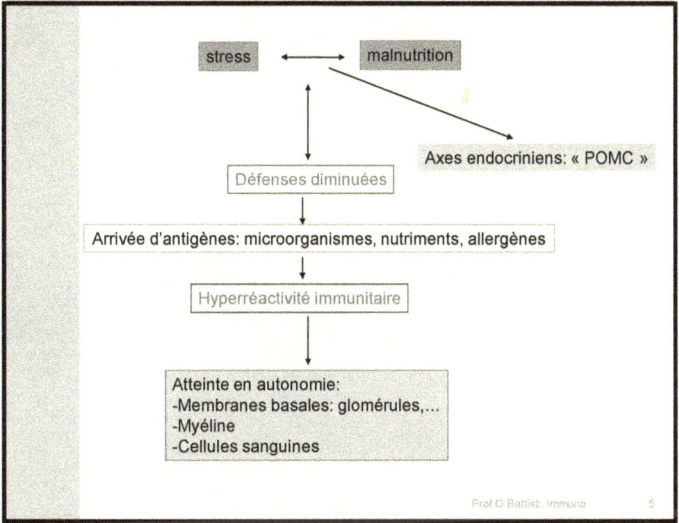

La physiologie et la physiopathologie de l'asthme

Données récentes sur sa physiopathologie et les implications cliniques

L'asthme bronchique peut se déclarer de différentes façons : 'une crise, une douleur thoracique, de la toux, une mauvaise tolérance à l'effort, une réduction de l'activité physique habituelle. Dans les 2 principales composantes physiopathologiques et toujours présentes de manière concomitante (une hyperactivité immunitaire induisant l'inflammation, et une hyperréactivité broncho motrice), la composante inflammatoire est prédominante chez l'enfant jusqu'à la préadolescence). Le terrain génétique, l'hypertonie vagale, des conditions périnatales particulières, des infections virales précoces de la sphère ORL, ainsi que la flore commensale de l'intestin sont de facteurs intervenants. L'obésité doit être également comme un facteur intervenant.

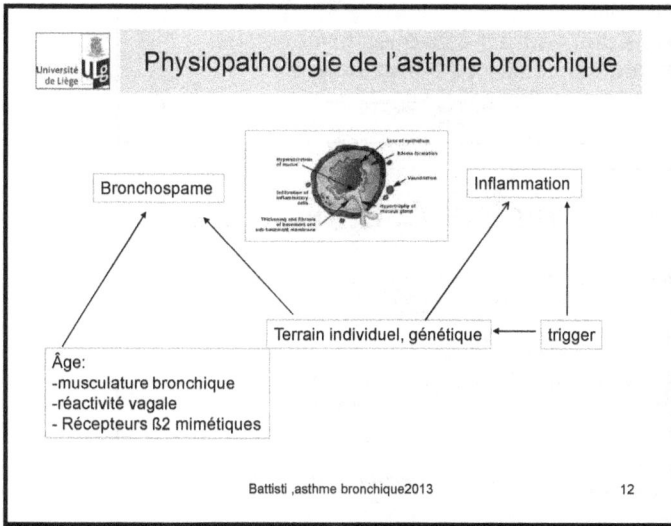

Dans les provocateurs, des études récentes ont montré l'intervention prolongée pour les virus responsables de la bronchiolite : environ 12 mois, et mêmes quelques années pour le virus syncitial.

À propos de la Bronchiolite et la rhinite

- Les virus
  - RSV
  - Parainfluenza
  - Metapneumovirus
  - Influenza
  - Rhinovirus
  - Coronavirus
  - bocavirus
- Parfois des germes atypiques Mycoplasma pneumoniae, chlamydia trachomatis

Battisti ,asthme bronchique EPU 2015   6

La bronchiolite tôt dans la vie

-Le RSV se niche dans la moëlle osseuse pendant des années
-Les rhinovirus se nichent dans l'épithelium bronchique pendant 1 an

Battisti ,asthme bronchique EPU 2015   8

Il faudra donc assurer un suivi particulier pour les enfants suivants :

- Les enfants ayant présenté une rhinite en cas de :

- Prématurité

- Poides de naissance < 1501g

- Age < 12 semaines

- Atteinte pulmonaire néonatale

- cardiopathie

- Immunodéficience

- Atteinte neurologique

- Anomalie anatomique de l'arbre respiratoire

- Lorsque l'un ou les 2 parents ont présenté une atopie ou allergie

- Les enfants ayant une obésité

Donnés concrètes sur la prise-en-charge et son suivi

Dans ce cadre physiopathologique, il faut distinguer la phase de déclaration, la phase de stabilisation ou contrôle de la maladie et les phases répétées de déstabilisation qui sont bien plus que la crise d'asthme. Les mesures thérapeutiques vont s'étaler sur un moment prolongé de la vie, et demandent une forte participation de la famille et de l'enfant, du médecin de famille et du spécialiste qui lui réalisera des bilans cliniques et numériques. Le traitement comprend des mesures curatives (inhalation de bronchodilatateurs et de corticoïdes, antileukotriènes et antihistaminiques) et préventives (hygiène de vie, respect de la flore commensale de l'intestin, éviction ou réduction de la charge allergénique). Le but du traitement de fond est de permettre à l'enfant d'éviter les crises d'asthme, de lui permettre d'avoir la vie la plus normale possible, de préserver l'intégrité histologique des voies respiratoires et finalement d'aider son système immunitaire à retrouver une balance qui mettra fin à l'hyperactivité immunitaire. Le traitement de fond comprendra ainsi les éléments nécessaires pour combattre la physiopathologie actuellement présente chez tel ou tel individu et ce durant tout le nycthémère, et celle-ci est appréciée par des examens espacés tels que les épreuves respiratoires avec ou sans effort, et les tests cutanés.

Annexe 1. Descriptif du diaporama : La recherche clinique en médecine de l'enfant: ses concepts, ses intérêts

Professeur Oreste Battisti Faculté de médecine Université de Liège Université Catholique de Bukavu

Items « tirés-à-part » de l'exposé

Pourquoi faire de la recherche ?

Qu'est-ce que la recherche ?

« définitions », types, méthodes

Pourquoi la recherche est-elle importante ?

Quels sont les champs d'investigation actuels ?

Quelles sont les attentes ?

Exemples

Conseils pour l'écriture et la publication

Pourquoi faire de la recherche ?

→ **Amélioration de la prise en charge du patient**

→ Valorisation personnelle et institutionnelle

→ Besoin de vérification, de preuve scientifique (evidence-based medicine), de validation

Les exemples sont multiples:

En épidémiologie = étude de la distribution des maladies chez l'homme et de leurs facteurs étiologiques/ protecteurs. Exemple : hypothèse de Barker: L'hypothèse selon laquelle ce qui ce passe pendant le développement prénatal (p. ex., la mauvaise nutrition de la mère) a un impact direct sur la santé à long terme et le développement de maladies chroniques (p. ex., les maladies cardiovasculaires, le diabète, etc.) après la naissance de l'enfant.

En recherche clinique = étude de l'effet d'une intervention sur l'homme , ≠ recherche fondamentale . Exemples :

1. étude sur le futur Infanrix® (menée en 1997-1999 par GSK et dirigée par moi-même)

2. Étude sur les soins de développement

Qu'est ce que la recherche ?

Definitions du mot "recherche"

The main goal of research is the gathering and interpreting of information to answer **questions** .

Research is a systematic attempt to provide **answers** to questions (Tuckman, 1999).

Research may be defined as the systematic and objective analysis and recording of controlled **observations** that may lead to the development of generalizations, principles, or theories, resulting in prediction and possible control of events (Best and Kahn, 1998).

Research is a systematic way of asking questions, a systematic method of inquiry (Drew, Hardman, and Hart, 1996).

Présentation de la démarche scientifique

1) Un questionnement

2) Élaboration d'une hypothèse

    … et des prédictions associées

3) Expérimentation

4) Analyse des résultats

5) Interprétation

"Research Classifications":
plusieurs critères

System 1: **le focus** au départ

Basic research

Applied research

System 2: **la manière** d'aborder les faits

Quantitative research

Qualitative research

System 3: **la méthode**

Experimental research

Nonexperimental research

Basic versus Applied Research

Basic **theoretical in nature**

Pure, fundamental research

Discovery of new knowledge;

Takes many years for the results of basic research to find some practical utility

Exemples:

- Comment se déroule la néphrogenèse ?

- Comment modifier le capital génétique d'un organisme ?

Applied **purpose to solve a**

Improved products or processes

Infers beyond the group or situation studied

Interpretation of results relies upon Basic research

Exemples:

- La néphrogenèse est-elle influencée par la prématurité

- Les habitudes nutritionnelles peuvent-elles changer le capital génétique d'un organisme ?

Quantitative versus Qualitative

Quantitative

Numerical, measurable data

Traditional or positivist approach

Clearly stated questions

Rational hypotheses

Developed research procedures

Extraneous variable controls

Large samples

Traditional, statistical analyses

Exemples:

Corrélation entre:

- indice de masse corporelle et le syndrome métabolique

- Âge maternel et incidence de l'asphyxie à la naissance

Qualitative

Generally non-numerical data

Typically anthropological and sociological research methods

Observations of a "natural" setting

In-depth descriptions of situations

Interpretive and descriptive

Exemples:

Corrélation entre:

- Mode de vie et obésité

- Psychopathologie maternelle et attachement

Experimental versus Non experimental

Experimental

Suppose une intervention:

extrinsèque : "LPs injection"

intrinsèque: "hypothermie cérébrale"

IVs and DVs

Cause-and-effect

Extraneous variable controls

3 fundamental characteristics

1. At least 1 active IV

2. Extraneous var controls

3. Observation of the DV response to the IV

Nonexperimental

Le phénomène observé reste spontané:

Extrinsèque: jeux vidéos et psychologie

Intrinsèque: stress et études

1. Causal-comparative

2. Descriptive

3. Correlational

4. Historical

Analytic versus Descriptive Research

Descriptive Research – the attempt to determine, describe, or identify something

The intent is often synthesis, which pulls knowledge or information together

Exemple:

parmi les enfants qui sont nés dans un contexte de retard de croissance intra-utérin, quels sont les problèmes de santé observés àl'âge adulte ?

Analytic – the attempt to establish why something occurs or how it came to be

les enfants qui sont nés dans un contexte de retard de croissance intra-utérin ont des problèmes de santé observés à l'âge adulte, peut-on les détecter plus tôt dans leur vie?

Problem-solving research

Designed to solve a specific problem for a specific decision maker

Often results in recommendations on decisions or actions

Problem-solving research is holistic – uses all information relevant to the specific problem

disciplinary research tends to be reductionist

Disciplinary research is generally the most "durable" (long lasting); problem-solving research the least durable

Exemple:

l'atteinte cérébrale chez le prématuré dans la région périventriculaire et part de responsabilité d'une infirmité motrice cérébrale

Types of Questions

Comme pour l'analyse statistique, on peut décrire3 Types:

Descriptive questions

Difference questions

Relationship questions

Methodology and method:
two different concepts

- Methodology – the study of the general approach to inquiry in a given field

Exemple: analyse retrospective ou prospective de ...l'influence du niveau de vie sur la mortalité et la morbidité périnatale

- Method – the specific techniques, tools or procedures applied to achieve a given objective
    - Research methods in economics include regression analysis, mathematical analysis, operations research, surveys, data gathering, etc.

Exemple: analyse des revenus familiaux, de l'âge de la maman,... sur la mortalité et morbidité périnatale

La démarche scientifique:
une boucle non répétitive

1) Un questionnement

2) Élaboration d'une hypothèse

    ... et des prédictions associées

3) Expérimentation

4) Analyse des résultats

5) Interprétation

Présentation de la démarche scientifique

1) Un questionnement

2) Élaboration d'une hypothèse

    ... et des prédictions associées

3) Expérimentation

4) Analyse des résultats

5) Interprétation

→ Il faut intégrer la démarche scientifique
dans les activités cliniques

1) Un questionnement

2) Élaboration d'une hypothèse

    … et des prédictions associées

3) Expérimentation

4) Analyse des résultats

5) Interprétation

6) Conclusion

Le principal moteur de la recherche
est
la recherche
de la véritable et
objectivable
explication

Les différentes étapes d'une recherche

QUELQUES NOTIONS DE BASE

GCP : Good Clinical Practice (bonnes pratiques cliniques)

IC : Informed Consent = consentement éclairé

EC : Comité d'éthique

AE : Adverse Event = effet indésirable (ou effet secondaire)

SAE : Serious Adverse Event = effet indésirable grave

Droits du patient

Les dispositions légales (par exemple la loi belge relative à l'expérimentation sur la personne humaine de mai 2004)

« Good Clinical Practices » Norme d'application internationale en Europe, aux USA et au Japon (1997)

LES DROITS DU PATIENT PENDANT UNE ETUDE

L'étude est présentée sans engagement au patient par le médecin qui connaît le mieux le patient

Le respect de la vie privée est toujours assuré

Dossier du patient – livre à compléter (CRF) : les données sont notées de façon anonyme

Législation belge relative au respect de la vie privée applicable

Droit de mettre un terme à la participation à une étude à tout moment, sans perte des droits et sans fournir de raison

Assurance pendant la participation à une étude clinique

Informed Consent (IC) ou « Consentement éclairé »
= autorisation accordée par la personne qui participe à l'étude

Consentement de participer à une étude clinique après avoir obtenu les informations complètes relatives au but, à la nature, à la procédure, aux risques et au meilleur traitement alternatif de cette étude dans un langage accessible.

Sur base du protocole

Contrôle par le comité d'éthique

N'implique aucune obligation: il est possible de mettre un terme à la participation à l'étude à tout moment

COMITÉ ÉTHIQUE
= CONTRÔLE DE LA SÉCURITÉ

Comité Ethique (EC) = organe indépendant qui contrôle la sécurité et le bien-être des volontaires qui participent aux études cliniques

Composition : déterminée par la législation belge avec obligation d'un membre non scientifique, tous les membres sont reconnus et désignés par un hôpital ou une faculté de médecine

Compétences/tâches : contrôle, amélioration, approbation :

du protocole de l'étude, des informations transmises au patient, de l'aptitude du chercheur, de la capacité des équipements

de la façon dont le patient est sélectionné en vue de participer à l'étude

de la garantie de la confidentialité

de l'assurance

EVENEMENTS INDÉSIRABLES : DÉFINITIONS

Les événements indésirables (ou « effets secondaires » dans la langue populaire, ou « Adverse Events ») et les événements indésirables graves (Serious Adverse Events) sont rapportés durant l'ensemble du programme de recherche clinique

Respect des règles légales en matière de rapport des événements indésirables y compris les délais stricts

Des études complémentaires sont souvent nécessaires pour l'analyse et la documentation de certains aspects de sécurité

La causalité (rapport de cause à effet) avec le médicament est déterminée

EVENEMENTS INDÉSIRABLES: CAUSALITÉ

La relation avec le médicament peut être : certaine, possible, probable, improbable, exclue

Critères d'évaluation :

Relation temporelle

Disparition ou non de l'effet après l'arrêt de la médication

Réapparition de l'effet après la reprise de la médication

Effet secondaire attendu

Effet prévisible (effet de toute la classe)

EFFETS INDÉSIRABLES : DÉLAIS

ÉTUDES CHEZ L'ENFANT

Les enfants ne sont pas de "mini"-adultes

Besoin d'études séparées

Accord : Informed Consent

Des deux parents

De l'enfant lui-même

Comité Éthique (CE)

Présence d'un pédiatre exigée

QUELQUES CONSIDÉRATIONS ÉTHIQUES

Le placebo est-il encore éthique ?

« …extreme care must be taken in making use of a placebo-controlled trial and this methodology should only be used in the absence of existing proven therapy »

Traitement de référence : thérapie standard locale ou optimale ?

« The benefits of a new method should be tested against those of the best current therapeutic methods »

QUELQUES CONSIDÉRATIONS ÉTHIQUES

Patient après l'étude

« At the conclusion of the study, every patient should be assured of access to the best proven therapeutic method identified by the study »

Publication des résultats

« Negative as well as positive results should be published or otherwise publicly available »

L'enregistrement systématique de toutes les études cliniques est aujourd'hui obligatoire. Il s'agit de la seule façon d'éviter l'apparition d'une éventuelle image déformée et de connaître tous les résultats « négatifs »

Synthèse sur le concept « recherche »

LA LOI BELGE

Une double autorisation est nécessaire avant de pouvoir débuter une étude :

Avis obligatoire d'un **comité Ethique** > évaluation :

De la valeur scientifique de l'étude

Du rapport avantages/risques

Du consentement informé du patient (IC) & de la méthode de sélection

De l'assurance

De la compétence du chercheur et de la capacité des équipements

Autorisation des autorités (**Directorat Général Médicaments**), évaluation du dossier chimique-pharmaceutique et du certificat GMP (Good Manufacturing Practices)

Quels sont les domaines de recherche potentiels ?

Pharmacologie

Neurosciences, sciences cognitives, neurologie, psychiatrie

Cancer

Immunologie, inflammation, infectiologie et microbiologie

Physiopathologie, métabolisme, nutrition

Santé publique

Bases moléculaires et structurales du vivant

Biologie cellulaire, développement et évolution

Génétique, génomique et bioinformatique

Répartition des thématiques

Beaucoup de médicaments sont mal « connus » chez l'enfant

Pharmacologie de l'enfant

La longue route

Écrire un article « scientifique »

Les revues

Le nombre de revues classiques et open access a « explosé », mais les maisons d'édition sont devenues peu nombreuses

Le coût des revues est élevé

Open Access concept: bon au départ, mais également gâché par l'argent

Règles de l'écriture médicale et scientifique

Être lisible pour être lu et surtout compris

Fond et forme sont indissociables

Phrases courtes

Annoncer le fait principal

Respect des temps de conjugaison

Des liaisons appropriées (logique, fluidité)

La concision (pas seulement pour le reviewer)

La clarté et la précision du style

Les différentes catégories d'articles

Article original

Revue générale et mises au point

Revues iconographiques

Faits cliniques

Notes techniques

Éditoriaux

Lettres à l'éditeur

Articles pour ou par l'étudiant: "comment je traite..."

Les différentes catégories d'articles

L'article original

Objectif principal : rapporter un fait nouveau, non encore publié, ou apporter un nouvel éclairage

Dans tous les domaines il existe des sujets inexploités (recrutement particulier, technique spécifique, expertises locales)

Le savoir-faire : montrer (ou faire croire) en quoi le travail est novateur (se faire « mousser »), trouver un angle particulier, une niche

Résultats fondés sur une série conséquente

Les différentes catégories d'articles

La revue générale et la "mise au point"

Fixe l'état de l'art d'un sujet mais devrait idéalement suggérer des réflexions ou orientations nouvelles

Rassemble les arguments critiques parus dans la littérature, en discute la pertinence et ajoute des commentaires suggérés par sa propre expérience (état des lieux)

Nécessite une expérience importante sur le sujet, souvent sollicitée par le comité éditorial

Les différentes catégories d'articles

La revue iconographique

Variante brève des revues générales publiées par les journaux radiologiques, de dermatologie, d'anatomo-pathologie

Illustre les principaux aspects iconographiques d'une pathologie ou d'une technique. Le message pédagogique est apporté par l'image

Texte réduit à l'essentiel et les références au minimum (10 en général)

Privilégier une forme originale de présentation

Les différentes catégories d'articles

Le fait clinique (Case report)

Acceptable si et seulement si il apporte des éléments originaux

Intense compétition

Peu de revues les acceptent

Idéalement, regrouper des cas similaires de plusieurs centres pour transformer des faits cliniques en petites séries plus facilement acceptées

Les différentes catégories d'articles

La note technique

Décrit brièvement une nouvelle technique, la modification d'une technique existante ou un nouvel équipement

Démarche scientifique moins exigeante

L'innovation prime

Les différentes catégories d'articles

L'éditorial

Traite brièvement d'une question précise pour en faire le point et la critique

Bref et souvent rédigé par un des membres du comité éditorial de la revue

Apporte un éclairage particulier sur un des articles publiés dans le journal

Article original
Plan de base

Le titre, les auteurs

Le résumé et les mots clés

L'introduction

Matériel (patients) et Méthode

Résultats

Discussion

Conclusion

Références bibliographiques

Tableaux

Figures

Article original
Titre & Auteurs

Titre

Traduit clairement l'objet de la recherche

Ouvert, court et attractif

Auteurs et ordre des auteurs

Ceux qui ont contribué à la recherche (acquisitions des données, lecture, statistiques, écriture)

Premier auteur : celui qui écrit

Dernier auteur : initiateur

En fonction de l'importance de leur contribution

Choix stratégique

Article original
Introduction

Introduction

Contenu

Décrit brièvement l'état du problème, les questions posées et le problème à résoudre

Pose la question et annonce les moyens utilisés pour y répondre (*Le but de notre étude a donc été de …*)

Forme

Rôle majeur (accroche, le reviewer est débordé! Il faut le mettre de bonne humeur)

Courte, justification logique (pourquoi avez-vous fait cette étude?)

Références appropriées

Article original
Matériel & Méthode (1)

Matériel (patients) et méthode

Décrit dans un ordre logique et/ou chronologique le déroulement de l'étude

Les détails permettent aux reviewers d'apprécier la rigueur du travail (il n'y a jamais trop de détails)

Renseigne les reviewers sur les méthodes utilisées pour l'évaluation des résultats, les techniques de mesure, les critères de jugement

Article original
Matériel & Méthode (2)

Matériel (patients) et méthode

Type d'étude (rétrospective ou prospective, cas-témoins)

Critères d'inclusion et d'exclusion (comment avez-vous trouvé vos patients, chart flow diagram)

Démographie (sex ratio; ages avec moy ± SD, extrêmes; pathologies associées)

Techniques d'imageries, analyse des images (indépendante, consensuelle, aveugle)

Standard de référence (vérité, exactitude, anapath ou consensus)

Article original
Matériel & Méthode (3)

Matériel (patients) et méthode

Statistiques valides (petits effectifs)

Test de puissance (si absence de différence significative)

Comité d'éthique, consentement des patients

Anonyme

L'Essai clinique

Groupes comparables

Groupes identiques

même type de patients

même stade de la maladie, etc.

qui ne diffèrent que par le traitement appliqué

Si, à la fin, il existe une différence, celle-ci n'est due qu'au traitement

Maintien de la comparabilité

Les deux groupes doivent être suivis de la même façon

Evalués de façon objective

Double aveugle et placebo

Pas de perdus de vue

Mauvais groupes contrôles

Contrôles historiques

par exemple, patients traités l'année dernière

ces patients ne sont pas comparables à ceux traités actuellement

Contrôle géographique

patients d'un autre service

Double aveugle - simple aveugle - ouvert

Double aveugle (insu)

ni l'investigateur, ni le patient ne connaît la nature réelle du traitement

évaluation du critère de jugement en aveugle

Simple aveugle (insu)

l'investigateur connaît le traitement, pas le patient

Ouvert

le traitement est connu de tous

Essai contrôlé randomisé en double aveugle

Différents biais

Biais de sélection

différence dans le pronostic de base des patients

Biais de réalisation

différence dans le suivi et les soins appliqués aux patients

Biais d'évaluation (de mesure)

différence dans l'évaluation du critère de jugement

Biais d'attrition

différence au niveau des "sorties" d'étude

Article original
Résultats (pas les discuter)

Brefs et clairs

Tableaux et graphiques sont souvent indispensables mais ne doivent pas être redondants avec le texte

Proportions, % et 95%IC

Résultats statistiques bruts (c'est ou ce n'est pas significatif) avec le test utilisé et la valeur de p

Risque dans un essai thérapeutique

Risque alpha : considérer comme efficace un traitement qui ne l'est pas

Risque bêta : ne pas conclure alors que le traitement est efficace

Puissance : montrer l'efficacité d'un traitement réellement efficace

La statistique: un outil inévitable

Article original
Résumé

200 à 250 mots (selon la revue)

Objectifs (comme dans l'article)

Matériels et méthodes

Résultats (bruts)

Conclusion (comme dans l'article)

Abstract

Mots clés (français & anglais, MeSH)

Biais de publication

Les essais positifs sont plus facilement publiés que les négatifs

Outils pour l'évaluation de l'activité de la recherche scientifique

ORBI de l'ULg

30/01/2015

La sortie du classement Webometrics des répertoires Open Access de janvier 2015 voit ORBi se classer à la **26ème place mondiale sur 2158 répertoires** toutes catégories confondues.

Un bond de plus de 30 places qui n'est pas dû au hasard mais le résultat, entre autre, d'un **travail de référencement** effectué avec Google et Google Scholar et qui nous a permis d'augmenter de manière significative notre **visibilité** sur le Web !

Un résultat excellent sachant qu'au sommet de ce classement se trouvent tous les gros répertoires et les archives pluri-institutionnelles comme ArXiv, Pubmed Central, Citeseer, HAL, CERN Document Server, Smithsonian/NASA Astrophysics Data System ou encore le répertoire institutionnel du MIT.

Si on considère uniquement les **répertoires institutionnels**, ORBi se place **19ème** sur 2072 répertoires (+20 places). Au niveau belge, on trouve aussi dans ce classement des RI:

la KUL (Lirias) : 11ème mondial

Gand : 36ème

DIAL de l'Académie Louvain (UCL, FUSL, UNamur) : 303ème

Hasselt (Document Server) : 496ème

Di-Fusion de l'ULB : 879ème

Quant à ORBi^{lu}, développé sur le modèle ORBi pour l'Université du Luxembourg, il affiche également une très belle progression puisqu'il arrive à la **343ème** place du classement des RI soit un **bond de plus de 200 places**.

Annexe 2. Descriptif du diaporama : l'immunité épithéliale chez l'enfant ses implications cliniques

Université de Liège Faculté de médecine Professeur Oreste Battisti

- Exemples d'applications potentielles
- Maladies inflammatoires du tube digestif
- Maladies inflammatoires de l'appareil respiratoire
- Déficits immunitaires
- Cancers
- …
- → Par quel mécanisme ?
- → Comment ?
- 1. Focus sur l'immunité
- Générale
- Épithéliale
- De l'appareil digestif
- De l'appareil respiratoire
- De l'appareil cutané
- Les postes frontières et le bureau d'immigration
- Le poste douane
- Les douaniers
- L'acceptation d'un visa de séjour

- Les bénéfices

- Le refus d'un visa de séjour

- Le retrait du visa de séjour

- Les sanctions

- L'immunité:
  innée et adaptative

- Les "barrières" épithéliales

  - L'épithélium de la cavité utérine, le bouchon du col cervical, le trophoblaste

  - Le liquide amniotique

  - Peau: vernix caseosa, pH:3 à 5, sebum

  - Muqueuse gastrique

  - La Salive et les larmes,

  - Epithelium et Mucus épithélial (voies urinaires, respiratoires et digestives), jonctions serrées, peptides antimicrobiens (défensines a et b, cathélicidines,…)

- Il y a les
  "Class I and II
  MHC (self)" Protéines

- Antigen Recognition and MHC Restriction

- Immunocompetent T cells are activated when the V regions of their surface receptors bind to a recognized antigen

- T cells must simultaneously recognize:

  - Nonself (the antigen)

  - Self (a MHC protein of a body cell)

- Toll-like receptors in innate immunity

Functional characterization of Toll-like receptors (TLRs) has established that innate immunity is

A skillful system that detects invasion of microbial pathogens. Recognition of microbial components by TLRs initiates signal transduction pathways, which triggers expression of genes. These gene products control innate immune responses and further instruct development of antigen-specific acquired immunity. TLR signaling pathways are finely regulated by TIR domain-containing adaptors, such as MyD88, TIRAP/Mal, TRIF and TRAM. Differential utilization of these TIR domain-containing adaptors provides specificity of individual TLR-mediated signaling pathways. Several mechanisms have been elucidated that negatively control TLR signaling pathways, and thereby prevent overactivation of innate immunity leading to fatal immune disorders. The involvement of TLR-mediated pathways in autoimmune and inflammatory diseases has been proposed.

- ⊙ Helper T Cells ($T_{H:\ TH17,...}$)

- ⊙ Regulatory cells that play a central role in the adaptive immune response

- ⊙ Once primed by APC presentation of antigen, they:

  - Chemically or directly stimulate proliferation of other T cells

  - Stimulate B cells that have already become bound to antigen

- ⊙ Without T_H, there is no immune response

- ⊙ Helper T Cells (T_H)

- ⊙ Helper T Cells

- ⊙ Immunocompetent B or T cells

- ⊙ Display a unique type of receptor that responds to a distinct antigen

- ⊙ Become immunocompetent before they encounter antigens they may later attack

- ⊙ Are exported to secondary lymphoid tissue where encounters with antigens occur

- ⊙ Mature into fully functional antigen-activated cells upon binding with their recognized antigen

- It is genes, not antigens, that determine which foreign substances our immune system will recognize and resist

- In newborn

- cytokines

- Antimicrobial Proteins

- Enhance the innate defenses by:

  - Attacking microorganisms directly

  - Hindering microorganisms' ability to reproduce

- The most important antimicrobial proteins are:

  - Interferon

  - Complement proteins

- Adaptive Immune Defenses

- The adaptive immune system is antigen-specific, systemic, and has memory

- It has two separate but overlapping arms

  - Humoral, or antibody-mediated (B Cell) immunity

  - Cellular, or cell-mediated (T Cell) immunity

- **ADAPTIVE IMMUNE RESPONSE**
  Helper T cell Function

- TH1 and TH2 CD4 (helper) T cells

  - TH0 cells mature into TH1 or TH 2 depending on

    - Nature and concentration of antigen

    - How antigen presented

    - Type of APC

    - Cytokines

  - TH1 = IgM, IgG, activated Macs

- TH2 = humoral response; IgA, IgE

⦿ ADAPTIVE IMMUNE RESPONSE
Cytotoxic T cells

⦿ Activation of CD8 T cells = cytotoxic T cells (CTLs)

- Precursors in nodes bind TCR + CD8 to MHC-1 of APC + costim

    · TCR recognizes foreign protein in self MHC molecule

- Specific clone expands by ~100,000

- Activated CTLs bind with target cell

- Granulysin, granzymes and perforin released from granules = apoptosis

- Also interaction of FasL on CTL with Fas on target = apoptosis

⦿ Apoptosis

- Cell DNA and internal membranes fragment

- Shrink to "apoptotic bodies" which are easily phagocytosed

- "Clean" cell death as apposed to necrosis

- **Transport of IgA through Epithelial Cells**

⦿ Environmental control of Th17 differentiation

⦿ Th17 cells participate in the control of extracellular bacteria and fungi, but dysregulated Th17 cell activity can result in immunopathology

⦿ microbes, dietary components and environmental toxins influence the Th17 response.

⦿ aryl hydrocarbon receptor (AHR): Toxin receptors in the differentiation of Th17 cells: AHR as a nexus between environmental toxins, dietary compounds and infections and Th17 cells.

- The commensal flora triggers IL-25 secretion by intestinal epithelial cells, which then interferes with the differentiation of Th17 by DC (ATP secreted by commensal bacteria, bacterial TLR5 ligand flagellin

- Vit A: The RA produced by intestinal DC and macrophages has been shown to control the balance between Th17 and Treg at multiple points

- Vit D: similarly to what has been described for vitamin A in the gut, vitamin D drives the generation of functional Treg in the skin. Indeed, Vitamin D metabolites have been described to favor the expansion of Treg [20, 21] and boost their activity [22], while it interferes with the Th17 cell response

- **Regulatory T Cells Selectively Express Toll-like Receptors and Are Activated by Lipopolysaccharide**

- Regulatory CD4 T cells (Treg) control inflammatory reactions to commensal bacteria and opportunist pathogens

- Treg respond directly to proinflammatory bacterial products, a mechanism that likely contributes to the control of inflammatory responses

- Oral administration of an IL-10–secreting Lactococcus lactis strain prevents food-induced IgE sensitization

- **Persistent Beneficial Effects of Breast Milk Ingested in the Neonatal Intensive Care Unit on Outcomes of**

Extremely Low Birth Weight Infants at 30 Months of Age

- **HUMORAL IMMUNE RESPONSE**

- Antibodies inactivate microorganisms by

  - Agglutination

  - Neutralization

    - Antibody to toxins

    - Antibody to microbial surface molecules that bind to host cells

  - Opsonization

    - Natural killer cells have receptors for IgG

    - Eosinophils have receptors for IgG, IgA, and IgE

  - Complement fixation

- Neutrophils, macrophages have receptors for C3b

- Gram negative organisms susceptible to MAC

◉ Summary of the Primary Immune Response

◉ Cytotoxic T Cell (T_c)

◉ T_C cells, or killer T cells, are the only T cells that can directly attack and kill other cells

◉ They circulate throughout the body in search of body cells that display the antigen to which they have been sensitized

◉ Their targets include:

- Virus-infected cells

- Cells with intracellular bacteria or parasites

- Cancer cells

- Foreign cells from blood transfusions or transplants

◉ Cytotoxic T Cells

◉ Bind to self-antiself complexes on all body cells

◉ Infected or abnormal cells can be destroyed as long as appropriate antigen and co-stimulatory stimuli (e.g., IL-2) are present

◉ Natural killer cells activate their killing machinery when they bind to MICA receptor

◉ MICA receptor – MHC-related cell surface protein in cancer cells, virus-infected cells, and cells of transplanted organs

◉ Mechanisms of T_c Action

◉ In some cases, T_C cells:

- Bind to the target cell and release perforin into its membrane

  - In the presence of Ca^{2+} perforin causes cell lysis by creating transmembrane pores

- Other T_C cells induce cell death by:

  - Secreting lymphotoxin, which fragments the target cell's DNA

  - Secreting gamma interferon, which stimulates phagocytosis by macrophages

- Mechanisms of T_c Action

- Cytokines

- Mediators involved in cellular immunity, including hormonelike glycoproteins released by activated T cells and macrophages

- Some are co-stimulators of T cells and T cell proliferation

- Interleukin 1 (IL-1) released by macrophages co-stimulates bound T cells to:

  - Release interleukin 2 (IL-2)

  - Synthesize more IL-2 receptors

- Cytokines

- IL-2 is a key growth factor, which sets up a positive feedback cycle that encourages activated T cells to divide

  - It is used therapeutically to enhance the body's defenses against cancer

- Other cytokines amplify and regulate immune and nonspecific responses

- Other T Cells

- Suppressor T cells (T_S) – regulatory cells that release cytokines, which suppress the activity of both T cells and B cells

- Gamma delta T cells (T_{gd}) – 10% of all T cells found in the intestines that are triggered by binding to MICA receptors

- **C' in B Cell Activation**

- **T Cell - Mediated B Cell Activation**

- Réponse anormale = l'autoimmunité

- ◉ L'autoimmunité peut s'installer:

  - Soit parce que le seuil est anormalement bas

    - Prédisposition génétique (« hyperexcitabilité » intrinsèque, manque de lymphocytes T régulateurs, etc.)

    - Faiblesse spécifique de la barrière pour un autoantigène donné

  - Soit parce que le signal du soi est trop intense

    - Rupture de barrière (y compris acides nucléiques du noyau)

    - Contexte inflammatoire (cytokines inflammatoires telles que IFN-a, génération de second signaux via CD28+++)

    - Mimétisme moléculaire

- ◉ Épithelium intestinal

- ◉ L'épithélium intestinal se régénère tous les 3 à 5 jours

- ◉ "The Gut-Immune Interface" ou l'immunité et les muqeuses.

- ◉ **Effecteurs immunitaires de la muqueuse intestinale**

- ◉ **Lamina propria:**

Lymphocytes T CD4+ / T CD8+

Plasmocytes IgA+

DC

Macrophages

Innate Lymphoid cells

- ◉ **Plaques de Peyer:**

DC

Lymphocytes T CD4+ / T CD8+

Lymphocytes B

⊙ **Epithelium:**

Enterocytes

Goblet cells

Paneth cells

Intra-Epithelial Lymphocytes

⊙ La mise en route de la réponse immunitaire épithéliale

⊙ **Marqueurs de homing intestinal**

⊙ Tolérance ou intolérance

⊙ Types of Acquired Immunity

⊙ L'épithélium respiratoire

⊙ Adenoids and tonsils increase chitinase activity

⊙ 17q21 locus modulates ORMDL3 activity

⊙ Les infections virales RSV et rhinovirus

⊙ Vitamine A et D et différentiation Th17

⊙ L'épithélium intestinal

⊙ L'épithélium intestinal Possède des TLR qui reconnaissent les bactéries commensales

Au niveau apical, TLR moins réactifs

Au niveau basal, TLR plus réactifs

→ HOMEOSTASIE

⊙ **Le TLR a un rôle dans la maturation et l'éducation du système immunitaire pour la modulation de la réponse effectrice→ tolérance des bactéries commensales + réaction aux bactéries pathogènes**

⊙ Colonisation intestinale: Les bactéries commensales participent à la mise en place d'une muqueuse mature

- Les bactéries commensales conduisent à l'expansion des LT CD4+ ainsi que celle des LT régulateurs (CD4+ et CD8+) dans les ganglions mésentériques.

->Education des cellules T:

->induction de facteurs proinflammatoires (cytokines).

->Production de IL10 et stimulation de cellules T reg -> immunosuppression et tolérance

En absence de bactéries commensales : mauvaise/absence de mise en place de structures immunitaires spécifiques à l'intestin

La bactérie commensale éduque le système immunitaire en vue d'induire une tolérance

- Quels sont les effets du microbiote sur l'immunité?

- Quand absence de TLR : colonisation de la rate par les bactéries àles bactéries sont passées dans la circulation par franchissement de la barrière épithéliale ànon du à une rupture de la barrière épithéliale

- L'absence de TLR (Myd88 -/-) augmente la production d'anticorps en présence de bactéries commensales → L'immunité adaptative est activée dans un cadre où elle ne l'est normalement pas

- Les bactéries de la famille des Clostridium(SFB) induiraient la réponse immunitaire intestinale;

- La colonisation par SFB induit la production de IL17, IL10 et IFNγpar des cellules CD4.**SFB est un composant de la microflore indispensable à la maturation des cellules T de l'intestin;**

- SFB induit l'expression de IL17, IL10, du ligand de CD40 et IFNgdans les plaques de Peyer**SFB a un effet stimulateur sur l'immunité au niveau des plaques de Peyer**

- **Gut microbiota**

- **more than 1000 species**

- **collective weight of about 1kg in human intestine**

- **colonization begins immediately after birth**

- ⊙ **symbiotic bacteria provide benefits to the host:**
  - • **nutrient supply**
  - • **pathogen defense**
  - • **immune system development/ function**
- ⊙ **Gut-associated lymphoid tissue (GALT)**

GALT

- ⊙ **Peyer`s patches**
- ⊙ **appendix**
- ⊙ **isolated lymphoid follicles**
- ⊙ **Defects in immune response in germ-free mice**
- ⊙ **decreased immune resistance to infection with *Shigella flexneri***
- ⊙ **decreased bacterial clearence upon *Listeria monocytogenes* infection**
- ⊙ ***Salmonella enterica* serovar Typhimurium exploits deficiency in colonization resistance to establish infection**
- ⊙ **Developmental defects in germ-free mice**
- ⊙ **IEC show decreased rates of cell-turnover and reduced expression of MHC class II molecules, TLR9 and antimicrobial proteins**
- ⊙ **fewer lymphocytes in lamina propria and epithelium**
- ⊙ **fewer and smaller Peyer`s patches, isolated lymphoid follicles and mesenteric lymph nodes**
- ⊙ **reduced levels of secretory IgA**
- ⊙ Acinetobacter lwoffii and Lactococcus lactis strains isolated from farm cowsheds possess strong allergy-protective properties (J ALLERGY CLIN IMMUNOL
VOLUME 119, NUMBER 6)
- ⊙ **Involvement of the microbiota in regulating the balance between T_H and T_{Reg} cell subsets in the gut**

- **germ-free animals show defective T_H17 cell development in the small intestine**

- **ATP generated by intestinal bacteria increases the production of IL-17 in the colon**

- **germ-free mice have reduced numbers of T_{Reg} cells in the mesenteric lymph nodes**

- **increased numbers of T_{reg} cells in the small intestine of germ-free mice**

-

    Comment les bactéries commensales induisent l'immunité?

- **Translocation microbienne**

- **Immunological dysregulation associated with dysbiosis of the microbiota**

- Facteurs permettant la tolérance immune intestinale

- Cellules épithéliales

- Cellules dendritiques

- Cellules T régulatrices

- Rôle probable de la flore intestinale, plus de bactérie dans le colon, que de cellules dans le corps..

- Lactobacillus GG dans le lait maternel.

- LA REPONSE IMMUNITAIRE

- innée

- adaptative

- Réponses:
    -inflammation → perméabilité augmentéearmeability
    - arrivée et mise en oeuvre des phagocytes

Altered

Intestinal

Permeability

- Chez le fetus et le nné il y a des différences notables avec l'adulte

- Expression réduite du gène 88 et du gène 35→ réduction de la réponse TLRc

- Réduction de la production de cytokines lors d'une provocation par liposaccharide

- Taux élevé d'adénosine →Taux élevé d'AMPc intracellulaire → réduction de la production de cytokines par les TLRc

- **Evidence for the involvement of commensal bacteria in IBD**

- **IBD patients have increased antibody titres against indigenous bacteria**

- **inflammatory lesions are pronounced in areas with high numbers of bacteria**

- **genetic variants that are highly linked to IBD include mutations in genes that are involved in bacterial sensing (*NOD2*) and T cell immunity (*IL23R*)**

- **IBD patients show abnormal microbial composition (= dysbiosis)**

- **mice studies showed that dysbiosis alone may be important for the induction of IBD**

- Lactococcus lactis strain prevents food-induced IgE sensitization

- Nonpathogenic IL-10–producing microorganisms in the gut could have a potential to prevent systemicfood-induced anaphylaxis.(JAllergyClinImmunol 2007;119:952-9

- **Probiotics in primary prevention of atopic disease: A randomised placebo-controlled trial**
  Lancet, 2001. Vol. **357 (9262)**

- Probiotics given prenataly and postnataly for a total of 6 months.

- Lactobicillus GG reduced eczema by 50%

- NNT = 4.5

- Follow-up study showed that effect persisted to 5 yrs of age.

- **Inflammatory bowel disease (IBD)**

- **chronic inflammation of the gastointestinal tract**

- **two main forms:**

1. **Crohn`s disease**

   - **affects all layers of the bowel wall**

   - **granuloma formation in up to 60% of patients**

2. **Ulcerative colitis**

   - **affects superficial mucosal layers**

- **no pathogen has been conclusively shown to be the causative agent**

- **incidence is the highest in developed countries**

- **IBD is driven by T cells**

mucosal homeostasis

→ **cytokine production by regulatory (T_{Reg}) T cells supresses pro-inflammatory responses**

   - **Different bacterial species ameliorate the symptoms of IBD**

Probiotics

   - **dietary microorgansims that are beneficial to the health of the host**

   - **act on serveral cell types (epithelial cells, DCs, T cells)**

   - **ability to limit inflammation by induction of T_{Reg} cells**

   - **Model for *Bacteroides fragilis*-mediated protection from disease induced by *Heliobacter hepaticus***

   - Phase 2 Detoxification
     Conjugation

⊙ Increasing Glutathione

Safe with long-term use;

   ⊙ Vitamin C 500 mg/d

   ⊙ Vitamin E 800 IU/d (Mixed Tocopherols)

   ⊙ B-Complex Vit. *(Thiamine & B6)*

   ⊙ Milk Thistle

Needs Further Study;

   ⊙ NAC *(N-Acetylcysteine aka; Mucomyst)*

   ⊙ Glutathione *(Good in food: fruits, vegetables & fish. Or a Mediterranean type diet)*

   ⊙ Glutamine MOA

   ⊙ Reduces Inflammation by reducing gut associated cytokine release

      • Wischmeyer PE. Can glutamine turn off the motor that drives systemic inflammation? Crit Care Med. 2005; 33(5):1175-1178.

   ⊙ Reduces risk of gut derived septicemia in critically ill

   ⊙ Antioxidant, Increases Glutathione (GSH)

   ⊙ Enhances Heat Shock Protein (HSP) that protects enterocytes from injury.

   ⊙ Does not reduce permeability in those without inflammation who are nutritionally deprived

      • Hulsewe KW, et al. Clin Nutr. 2004; 23(5):1217-1225.

      • L'hyper réactivité immunitaire

   ⊙ Elle concerne la peau, l'épithélium respiratoire et l'épithélium bronchique

   ⊙ Quelle est la place des

   - infections virales précoces ?

   - Antibiothérapies précoces ?

- Certains facteurs périnataux ?

- La flore commensale maternelle et infantile ?

- L'obésité ?

⊙ Facteurs favorisants

Oui pour:

 Usage du tabac pendant la grossesse et après...

early-life:

- **Prematurity and fetal growth retardation**

- **environmental tobacco smoke exposure**

And risk of wheeze or bronchial asthma *BMC Pediatrics 2012,* **12:187** *doi:10.1186/1471-2431-12-187*

Flore intestinale précocément perturbée (césarienne, antibiothérapie, nutrition)

Bronchiolite voire rhinite

Non pour

Paracetamol use in early life and asthma: prospective birth cohort study

Adrian J Lowe, John B Carlin, Catherine M Bennett, Clifford S Hosking, Katrina J Allen, Colin F Robertson, Christine Axelrad, Michael J Abramson, David J Hill, Shyamali C Dharmage

BMJ 2010;341:c4616 (Published 15 September 2010)

⊙ **Quelle est la place de la Bronchiolite et de la rhinite**

⊙ Les virus

- RSV

- Parainfluenza

- Metapneumovirus

- Influenza

- Rhinovirus

- Coronavirus

- bocavirus

◉ Parfois des germes atypiques Mycoplasma pneumoniae, chlamydia trachomatis

◉ The consequent upregulation of the NGF-TrKA axis not only potentiates the local nociceptive innervation and neurogenic inflammation in distal airways, but also functions as a critical virulence mechanism implemented by RSV to coax host cells to resist apoptosis and persist latently in the lungs, and/or in a safe extrapulmonary niche within the bone marrow mesenchyme wherein it avoids detection by the immune system. Persistence of RSV virions and chronic upregulation of the NGF–TrKA axis may turn on lytic replication and inflammation in response to viral reinfection or reactivation, contributing to persistent airway hyperreactivity (AHR) and obstructive lung disease.

◉ Les Mécanismes de L'hypersensibilité

◉ La Balance Immunitaire

◉ Facteurs influençant l'allergie

◉ Rôle De La Flore Intestinale

◉ 10^{14} microbes, > 1000 espèces différentes

◉ ++ Lactobacilles et bifidobactéries

◉ Protection contre les infections

◉ Rôle majeur dans l'immunité adaptative

- Toll-like recepteurs, CD14

- Th1 : IFN γ, IL 12, NF-κB

- Th2 : IL 4, IL 5, IL 6

- Treg : TGFβ, IL 10

- Champs et modes d'application

◉ Conditions périnatales particulières

- Conditions nutritionnelles et infectieuses durant les 2 premières années de vie

- Probiotiques, prébiotiques, fibres, Zn, glutamine,…

Annexe 3. Descriptif : L'Asthme bronchique ou mieux le spectre asthmatiforme de l'enfant

Professeur Oreste Battisti Faculté de Médecine Université de liège

- Plan de l'exposé

Partie 1. Tentative de définition et données épidémiologiques

Partie 2. Physiopathologie, mise-au-point

Partie 3. Approche thérapeutique pour la stabilisation de   l'asthme.

Partie 4. L'éducation de l'enfant et des parents

Partie 5. Approche thérapeutique pour la crise d'asthme et l'état de mal asthmatique

Partie 6. Approche thérapeutique pour l'anaphylaxie

Conclusions

- Données épidémiologiques

- L'asthme bronchique est la maladie chronique de l'enfant la plus fréquente (10-14 %)

- Maladie bronchique ET inflammatoire ET spastique

- Prédominance masculine

- Maladie en constante augmentation.

- Mortalité faible chez l'enfant (0,1% entre 1 et 5 ans.)

- Pathologie pédiatrique : 50% des asthmes commencent avant l'âge de 5 ans

- La majeure partie de la prise-en-charge fait partie de la pédiatrie globale(« pédiatrie générale ») et de la médecine de famille

Classification dite « étiologique » (+Trigger)

- **asthme extrinsèque**, allergique le plus souvent

    - poussière de maison: acariens

    - autres allergènes : poils, plumes, pollens saisonniers

    - allergie professionnelle: liste longue, valeur de l'interrogatoire +++

- **asthme intrinsèque**

    - âge de début plus élevé

    - aucun facteur allergique n'est retrouvé

    - asthme à l'aspirine (non allergique, rôle des cytokines)

    - reflux gastro -œsophagien

- **- 60 % des cas = siffleur transitoire:**

    tabagisme foetal, pas d'atopie, épisodes viraux, amélioration avant 3 ans;

    - 20 % des cas = siffleur non atopique:

    événements viraux, hyperréactivité bronchique, amélioration à la puberté;

    -20 % des cas = siffleur atopique

- Articles ou hypothèses interpellantes

<u>Usage du tabac pendant la grossesse:</u>

early-life environmental tobacco smoke exposure

and incident asthma *BMC Pediatrics 2012,* ***12:187 doi:10.1186/1471-2431-12-187***

In conclusion, various metrics of ETS exposure focused on the time of birth, but not those focused at 1 year of age, seem to confer increased risk for recurrent wheeze at 2 years, but none of these ETS metrics appear to confer risk for later respiratory outcomes. As recent work by others suggest[15], this pattern may be explained by ETS exposure leading to transient inflammation in the context of underdeveloped 2-year-old airways (precipitating wheezing at age 2), rather than to changes resulting in persistently hyperreactive airways at age 7; ETS exposure may be particularly influential in early-life wheeze, but such influence may be less strong (relative to other exposures that influence respiratory outcomes) by 7 years of life in high risk children

Flore intestinale précocément perturbée (césarienne, antibiothérapie, nutrition)

Oral administration of an IL-10–secreting Lactococcus lactis strain prevents food-induced IgE sensitization

Christophe P. Frossard, PhD,a Lothar Steidler, PhD,b and Philippe A. Eigenmann, Mda

Acinetobacter lwoffii and Lactococcus lactis strains isolated from farm cowsheds possess strong allergy-protective properties

Jennifer Debarry, MSc,a* Holger Garn, PhD,b* Anna Hanuszkiewicz, MSc,c* Nina Dickgreber,MSc,a Nicole Blu¨ mer, PhD,b Erika vonMutius,ProfDr,d AlbrechtBufe, ProfDr,e So¨ ren Gatermann, Prof Dr,f Harald Renz, Prof Dr,b Otto Holst, Prof Dr,c and Holger

• Heine, PD Dra

Paracetamol use in early life and asthma: prospective birth cohort study

Adrian J Lowe, John B Carlin, Catherine M Bennett, Clifford S Hosking, Katrina J Allen, Colin F Robertson, Christine Axelrad, Michael J Abramson, David J Hill, Shyamali C Dharmage

BMJ 2010;341:c4616 (Published 15 September 2010)

• Quelques faits concernant
  l'asthme bronchique

• Le but est de « contrôler » ou mieux **stabiliser** l'asthme et de permettre une vie saine, complète.

• Mais 1 asthme/6 est mal contrôlé ou stabilisé

- Plus de 50 % des patients ne prennent leur traitement qu'en cas de crise et ne suivant pas leur traitement de fond → **nécessité d'une éducation de l'enfant et des parents+enseignants.**

- Plan de l'exposé

Partie 1. Tentative de définition et données épidémiologiques

Partie 2. Physiopathologie, mise-au-point

Partie 3. Approche thérapeutique pour la stabilisation de l'asthme.

Partie 4. L'éducation de l'enfant et des parents

Partie 5. Approche thérapeutique pour la crise d'asthme et l'état de mal asthmatique

Partie 6. Approche thérapeutique pour l'anaphylaxie

Conclusions

- **Physiopathologie de l'asthme bronchique**

Inflammation: → conséquence de mécanismes complexes avec des interactions entre cellules de la paroi bronchique, cellules immunocompétentes, cellules de l'inflammation,médiateurs libérés par ces cellules et système nerveux autonome.

Physiopathologie de la bronchomotricité

- La motricité du muscle lisse bronchique est commandé par le système nerveux autonome :
    - Parasympathique ($p\sum$), bronchoconstricteur, médié par l'acétyl-choline, antagonisé par l'atropine
    - Sympathique ($\sum$), bronchodilatateur, médié par l'adrénaline avec au niveau bronchique des récepteurs de type β_2

- Les phénomènes cellulaires :
  mastocytes, éosinophiles libèrent des médiateurs chimiques, tels que l'histamine, les leucotriènes, après la fixation des Ig E à leur surface, NO

- Physiopathologie de l'asthme bronchique

- Beta 2 receptors in asthma

- <u>Lung.</u> 1990;168 Suppl:66-70.

- **Bronchial asthma and the role of beta 2-agonists.**

- <u>Cochrane GM</u>.

- **Source**

- Department of Thoracic Medicine, Guy's Hospital, London, United Kingdom.

- **Abstract**

The observation that a thickened airway lining may lead to disproportionate increases in airways resistance with small changes in bronchial muscle shortening suggests beta 2-agonists should be given in conjunction with anti-inflammatory therapy. With their long duration of action but slow onset the new beta 2-agonists may have a role in prophylaxis of asthma rather than rescue bronchodilation.

- Beta 2 receptors in asthma

- <u>Lung.</u> 1992;170(3):125-41.

- **Beta 2 adrenergic receptors in asthma: a current perspective.**

- <u>Bai TR</u>.

- **Source**

- Pulmonary Research Laboratory, St. Paul's Hospital, University of British Columbia, Vancouver.

Beta 2-Adrenergic receptors are present in normal or increased numbers on asthmatic airway smooth muscle but are uncoupled in severe asthma, leading to functional hyporesponsiveness, probably due to the effects of inflammatory mediators.

There is also evidence for dysfunction of beta 2-adrenergic receptors on circulating inflammatory cells following mediator release. However, dysfunction of the receptors on airway smooth muscle and inflammatory cells is unlikely to be of primary importance in the pathogenesis of asthma.

- Beta 2 receptors in asthma

- <u>Respir Physiol Neurobiol.</u> 2003 Sep 16;137(2-3):179-95.

- **Regulation of beta-adrenergic responses in airway smooth muscle.**

- Shore SA, Moore PE.

- **Source**

- Physiology Program, Harvard School of Public Health, 665 Huntington Ave, Boston, MA 02115, USA. sshore@hsph.harvard.edu

- **Abstract**

Decreased responsiveness to beta-adrenergic receptor agonists is a characteristic feature of human asthma. Understanding the regulation of beta-adrenergic responses in airway smooth muscle cells may prove to be an important step in improving the efficacy of beta-agonists for the treatment of asthma

- Le diagnostic de l'« asthme bronchique »

- Commencez par l'anamnèse !

- **Antécédents personnels et familiaux**

- *NN : prématurité   ventilation   bronchodysplasie   .*

- *ORL : otites   pharyngites   sinusites   adénoîdectomie   drains date :*

- *Pneumo : laryngites   malacie   bronchiolites-bronchites pneumonies   .*

- *Dermato : dermatite   urticaire   .*

- *Gastro : RGO*

- Rhinite allergique   rhume des foins   asthme   urticaire   dermatite allergie   .

- ** parents :*

- **Présence de Crise d'asthme et d'autres symptômes:**

- *TOUX :*

- *RHINORRHEE :*

- *WHEEZING :*

- *DYSPNEE :*

- *TROUBLES DIGESTIFS :*

- **Concernant l'Environnement :**

- *Animaux : Tabagisme : père   mère   pdt grossesse   autres :*

- *Collectivité : gardienne   crèche   école .*

- *Chambre : seul   salle de jeux   s'y déshabille   vêtements ds chambre*

- * *sol : vinyl   planché vitrifié   ciré   tapis plein   tapis .*

- * *lit : sommier métal ressort   treillis   bois lattes   planches peluches .*

- matelas synthétique   classique   autre   housse   couvre matelas.

- couverture   édredon   sac de couchage   synthétique   laine plumes.

- * *rangement : sous lit   armoire fermée   ouverte   étagère   autres :*

- * *jouets : nbre jouets   nbre peluches   nbre livres   rangement ouvert fermé.*

- * *murs : tentures   perciennes   volets   cadres   lampe :*

- * *lavage : à l'eau   aspirateur   aération   température(°c) humidificateur .*

- **Diagnostic en principe évident**

- épisodes de dyspnée expiratoire avec sibilances

- à intervalles réguliers

- intensité variable

- levés par les bronchodilatateurs et les corticoïdes

- stéréotypés

- prodromes : rhinite aqueuse éternuements toux

- bradypnée ou polypnée avec dyspnée expiratoire

- toux grasse signant la fin de la crise
- **Diagnostic parfois moins évident:**
- notion d'équivalent asthmatique
- pas d'épisode dyspnéique
- gêne respiratoire frustre
- toux spasmodique nocturne effort rire
- laryngite récidivante
- rhinites et bronchites récidivantes
- sifflements (wheezing) audibles par les proches ou à l'auscultation
- dyspnée toux wheezing à l'effort
- Evaluation du bon équilibre de l'asthme
- Interrogatoire
  - Nombre de crises
  - Nombre de prise de bronchodilatateurs
  - Réveils nocturnes
  - Absentéisme
  - Tolérance à l'effort
- Examen
  - Normalité de l'auscultation
- Explorations fonctionnelles respiratoires
  - absence de syndrome obstructif
- **Diagnostic différentiel**
- Dyspnées non ventilatoires: anémie, acidose, insuffisance cardiaque
- Dyspnées pulmonaires non obstructives: alvéolites, pathologie pleurale

- Dyspnées inspiratoires

- Corps étranger inhalé toujours y penser et rechercher un syndrome de pénétration surtout chez le nourrisson apyrétique

- Mucoviscidose

- Déficits immunitaires

- Dilatation des bronches (séquelles de viroses)

- Pathologie ciliaire

- Reflux gastro-oesophagien

- Malformations broncho-pulmonaires (sténose trachéale, kyste de la carène) ou cardiovasculaires (arcs vasculaires, shunt gauche-droit)

- Pathologie ORL

Les tests de provocation

- La peau

- Tests cutanés: prick, patchs

- Application péribuccale

- Application entérale

- Les bronches

- Bronchodilatation

- Bronchoconstriction

- Les épreuves fonctionnelles respiratoires

- Et chez les plus petits

- Asthme :
  NO expiré

- Plan de l'exposé

Partie 1. Tentative de définition et données épidémiologiques

Partie 2. Physiopathologie, mise-au-point

Partie 3. Approche thérapeutique pour la stabilisation de l'asthme.

Partie 4. L'éducation de l'enfant et des parents

Partie 5. Approche thérapeutique pour la crise d'asthme et l'état de mal asthmatique

Partie 6. Approche thérapeutique pour l'anaphylaxie

Conclusions

- Traitement de fond en fonction du stade ou type

- Lutter contre la Bronchoconstrition:

- Couverture diurne: ß2 mimétiques, anticholinergiques

- Couverture opportune (sport)

- Lutter contre l'inflammation:

- présente: corticoïdes inhalés

- Produite (la nuit): montelukast

- Lutter contre les allergènes

- Lutter contre les imperfections, les imprécisions et la lassitude vis-à-vis du traitement

- Omalizumab: Anticorps recombinant anti IgE; Xolair®

  - Utilisation en voie SC toutes les 2 à 4 semaines

  - Indication: asthme sévère d'origine allergique avec un taux élevé d'IgE dés 12 ans, présence de test cutané fortement positif pour pneumallergène per-annuel

  - Dose selon le poids et le taux d'IgE (75 à 375 mg)

  - Prescription initiale annuelle hospitalière

  - Effets secondaires:Hypersensibilité grave avec angioedème, œdème laryngé, réaction au point d'injection.

- Effets secondaires de la   corticothérapie inhalée chez l'enfant

- Vitesse de croissance

Plusieurs études réalisées sur de larges populations d'asthmatiques âgés de moins de 12 ans traités par BUD ou BDP 100 à 2500 µg/j ont montrés que **le ralentissement de croissance observé la 1ère année de traitement disparaissait au cours des**

3 années suivantes

- Vitesse de croissance: ok

A court terme (< 6 mois)

Peu ou pas de ralentissement pour des doses ≤ 400 µg/j de BUD, 200 µg/j de BDP, 200 µg/j de FP [2-5]

Réduction de 50% ou suppression totale de la croissance pour des doses ≥ 800 µg/j de BUD et 400 à 800 µg/j de BDP

A moyen terme :

Plusieurs études randomisées montrent une absence de diminution de vitesse de croissance chez des nourrissons et enfants traités

- par des doses de FP ≤ 200 µg/j pendant 1 à 2 ans [7-10,28]

- par des doses de BUD de 200 µg/j pendant 3 à 6 ans [11]

Une étude réalisée sur 40 nourrissons asthmatiques sévères traités 1 an par nébulisations de BUD 1 à 2 mg/j n'a pas montré d'altération de leur croissance linéaire

- Métabolisme osseux: ok

Pas de modification significative chez l'enfant sur des durées de 6 mois à 6 ans

- Fonction surrénalienne: ok

Pas de retentissement pour des doses de FP ≤ 200 µg/j [36-37], BUD ≤ 800 µg/j [27,38-44] et BDP ≤ 200 µg/j [44-45]

Freinage surrénalien biologique (test synacthène, cortisolurie 24h) pour des doses de FP ≥ 500 µg/j ≥ 6mois [50-54], BDP ≥ 400 µg/j [43-45] réversible après diminution des doses.

- Ophtalmologie: ok

Aucune étude pédiatrique n'a décrit la

survenue de cataracte sous corticothérapie

inhalée au long cours quelle que soit la

posologie

- Plan de l'exposé

Partie 1. Tentative de définition et données épidémiologiques

Partie 2. Physiopathologie, mise-au-point

Partie 3. Approche thérapeutique pour la stabilisation de l'asthme.

Partie 4. L'éducation de l'enfant et des parents

Partie 5. Approche thérapeutique pour la crise d'asthme et l'état de mal asthmatique

Partie 6. Approche thérapeutique pour l'anaphylaxie

Conclusions

- Connaissance de la physiologie et de l'anatomie

- → Connaissances
  des allergènes
  (troph- et pneum)
  et des facteurs irritants

- → Connaissance des thérapies

- **→ Connaissance du
  bon usage
  des systèmes d'inhalation**

- Aérosolthérapie par Nébulisations

- Aérosolthérapie Chambres d'inhalation

- Aérosolthérapie par
  Poudres sèches

- Inhalateur activé par la respiration buccale
  aeroliser   turbohaler   diskus

- Désensibilisation par voie sublinguale avec un allergène standardisé

- *phase d'initiation: elle s'étale sur une semaine (de j1 à j6):* flacon à 10 IR/ml (capsule bleue):

progression du nombre des pressions à prendre le matin à jeûn= 1, 2, 4, 6, 8, 10

- *phase d'entretien: elle s'étale sur environ 3 à 5 ans*

flacon à 300 IR/ml (capsule violette):

progression du nombre des pressions à prendre le matin à jeûn =1, 2, 4, 6, 8 puis rester à

- soit 8 pressions 3x/semaines

  - OU 4 pressions/jour.

  - **Notice pratique:**

- gardez le produit 2 minutes sous la langue, puis avalez-le

- si vous oubliez de prendre la dose le matin, vous pouvez la prendre le soir

- si vous observez des effets tels que démangeaisons, oedème des lèvres ou troubles digestifs, prenez contact avec l'hôpital.

- L'utilisation du peak flow

- Plan de l'exposé

Partie 1. Tentative de définition et données épidémiologiques

Partie 2. Physiopathologie, mise-au-point

Partie 3. Approche thérapeutique pour la stabilisation de   l'asthme.

Partie 4. L'éducation de l'enfant et des parents

Partie 5. Approche thérapeutique pour la crise d'asthme et l'état de mal asthmatique

Partie 6. Approche thérapeutique pour l'anaphylaxie

Conclusions

- La crise d'asthme typique ou mieux l'exacerbation aiguë de l'asthme

prodromes:

- fréquents ,parfois liés au facteur déclenchant: éternuements, rhinorrhée aqueuse,picotements oculaires et nasales, toux quinteuse,troubles du comportement,irritation , douleurs abdominales

- Précèdent la crise de quelques heures, parfois un jour ou deux

- DEP le plus souvent déjà altérées

- Un traitement précoce peut éviter la crise

Symptômes

- **Toux,** sèche avant l'accès, grasse et productive au décours, parfois émétisante

- **Dyspnée expiratoire**, plus souvent tachypnée avec frein expiratoire

- **Wheezing**

- **Fébricule**

Examen clinique

- Distension thoracique

- Signes de lutte

- Sibilances ± râles bronchiques ou silence

Radiographie thoracique

Surdistension avec horizontalisation des côtes, troubles ventilatoires,

La crise d'asthme modérée

- Dyspnée sans cyanose

- Activité physique ralentie, anxiété

- Préfère s'asseoir, parole hachée

- Polypnée modérée

- Thorax distendu, tirage net, wheezing et sibilants aux deux temps

- Réponse aux bronchodilatateurs fluctuante

- SaO2>90%<94%

- DEP ou VEMS après bronchodilatateurs 60-80%

° **Crise grave**

→ A redouter si ATCD d'hospitalisation pour crise, répétition des crises au cours des semaines précédentes, asthme corticodépendant ou récemment sevré,asthme instable, mauvaise observance thérapeutique,enfant de mois de 4 ans

→ **Dyspnée extrême**

- arrêt de toute activité assis penché en avant angoissé,agité

polypnée, cyanose , parole limitée

- thorax distendu, peu mobile,auscultation lointaine ou silencieuse

- Tirage ou paradoxalement réduit

- Tachycardie

- DEP non mesurable(<60%)

- SaO2<90% normo

- Bronchodilatateurs inefficaces

- **Rechercher les Facteurs déclenchant l'exacerbation aiguë ou rise d'asthme**

- Mauvaise observance thérapeutique

- Facteurs non spécifiques: infections, irritants (tabac, polluants,…), variations des conditions météo,facteurs psychoaffectifs

- Allergènes

- exercice

- évolution horaire significative

- Évolution graves
- Données pharmacologiques
  pour la crise d'asthme
- **Traitement classique**

= *corticothérapie par voie orale, salbutamol par nébuliseur ± ipratropium*

- **Traitement maximisé**
- = *corticotïde par voie intraveineuse, salbutamol continu par nébuliseur + ipratropium*
- **Données pharmacologiques**
- **Salbutamol**

en nébulisation 0,3 mg/kg/heure;

en iv: Dose d'attaque : 7,5 µg/kg sur 2 à 5 min, suivis de 1 µg/kg/min. Titrer à la hausse par incréments de 1 µg/kg/min (maximum de 5 µg/kg/min)

- **bromure d'ipratropium**
- en nébulisation

<20 kg = 0,25 mg;

>20 kg = 0,5 mg toutes les 20 min jusqu'à 3 doses max

- **Corticoïdes en iv**

Méthylprednisolone : 1 mg/kg/dose à 2 mg/kg/dose (maximum 60 mg q6 heures)

hydrocortisone : 5 mg/kg à 7 mg/kg (maximum 400 mg q6 heures)

- **Sulfate de magnesium** en iv lent

25 mg/kg à 50 mg/kg par bolus IV sur 20 min max 2 g

- La crise d'Asthme
  exemples de
  Stratégie thérapeutique
- Exercices de lecture

- Plan de l'exposé

Partie 1. Tentative de définition et données épidémiologiques

Partie 2. Physiopathologie, mise-au-point

Partie 3. Approche thérapeutique pour la stabilisation de l'asthme.

Partie 4. L'éducation de l'enfant et des parents

Partie 5. Approche thérapeutique pour la crise d'asthme et l'état de mal asthmatique

Partie 6. Approche thérapeutique pour l'anaphylaxie

Conclusions

- **Diagnostic d'anaphylaxie**

Critère 1 : signes pathologiques impliquant la peau et/ou les muqueuses (urticaire, prurit ou érythème, œdème des lèvres ou de la langue ou de la luette). Avec au moins un des signes suivant :

- Troubles respiratoires (dyspnée, bronchospasme, stridor, diminution du débit expiratoire de pointe, hypoxie)

- PAS<90 mmHg) ou dysfonction d'organe (hypotonie, syncope, incontinence)

- **Diagnostic d'anaphylaxie**

Critère 2 : deux ou plusieurs signes après exposition à un *probable allergène* :

- Atteinte cutanée et ou muqueuse (urticaire, prurit ou érythème, œdème des lèvres ou de la langue ou de la luette)

- Troubles respiratoires (dyspnée, bronchospasme, stridor, diminution du débit expiratoire de pointe, hypoxie)

- PAS < 90mmHg ou une chute de plus de 30% par rapport à la PAS de base chez l'adulte ou signes témoignant d'une dysfonction d'organe (hypotonie, syncope, incontinence)

- Troubles gastrointestinaux persistants (douleur abdominale, vomissements)

- **Diagnostic d'anaphylaxie**

Critère 3 : Baisse de la PAS < 90mmHg ou une chute de plus de 30% par rapport à la PAS de base chez l'adulte* après exposition à un *allergène connu*.

*Chez l'enfant une chute de la PAS est définie si : PAS < 70 mmHg de 1 mois à 1 an, moins de (70 mmHg + [2 x âge]) de 1 an à 10 ans, <90mmHg de 11 ans à 17 ans.

- **Type d'Allergène**
- Aliments : 0 à 100% (**33%**)
- Venin d'hyménoptère : 0 à 100% (**28%**)
- Médicaments : 0 à 40,5% (**26%**)
- **Anaphylaxie et Allergie alimentaire**
- **Mortalité par anaphylaxie**
- Caractéristiques cliniques de l'anaphylaxie sévère d'origine alimentaire et médicamenteuse.
- Principaux allergènes en cause dans l'anaphylaxie sévère alimentaire et médicamenteuse.
- Plan de l'exposé

Partie 1. Tentative de définition et données épidémiologiques

Partie 2. Physiopathologie, mise-au-point

Partie 3. Approche thérapeutique pour la stabilisation de l'asthme.

Partie 4. L'éducation de l'enfant et des parents

Partie 5. Approche thérapeutique pour la crise d'asthme et l'état de mal asthmatique

Partie 6. Approche thérapeutique pour l'anaphylaxie

Conclusions

- conclusions

L'enfant asthmatique d'âge pré-scolaire est à un carrefour entre l'obstruction des voies aériennes induites par les virus et l'asthme allergique.

Il n'y a souvent pas d'autres tests diagnostiques que ceux donnés par un recueil précis de l'histoire de la maladie et si possible un suivi prospectif.

Les tests allergiques sont utiles et peuvent guider les traitements nécessaires.

La pharmacothérapie est primordiale mais on peut y adjoindre une

Immunothérapie spécifique.

Chez l'enfant allergique asthmatique, ce sont les stratégies thérapeutiques à long terme qui doivent être envisagées.

Changer certains mots

- Il faut parler de spectre asthmatique plutôt que d'asthme bronchique

- Il faut parler d'asthme stabilisé et non d'asthme contrôlé

- Il faut parler d'excerbation aiguë plutôt que de crise

Il s'agit de la pathologie chronique fréquente la plus fréquente chez l'enfant

- Il faut considérer l'atteinte psychologique, le coût financier, la lassitude, les aspects de la vie publique

- Le médecin de famille et le pédiatre de l'enfant ont une place prépondérante

- Toujours rechercher un trigger et l'éviter

L'éducation du patient et de sa famille est primordiale

- Besoin d'une précision dans le traitement

- Forte importance des facteurs extrinsèques: allergène, environnement physique et humain

Lors d'un risque d'anaphylaxie

Besoin d'une éducation de l'enfant, des parents, des collègues

Manque d'études: sur les petits patients et sur les trajectoires temporelles

Annexe 4. Publications et communications de Oreste Battisti

<table>
<tr><td colspan="2" align="center">**Légende**</td></tr>
</table>

Indices bibliométriques liés à la revue (pour celles dont l'ISSN a été indiqué par l'auteur)
• **IF = Impact factor** Thomson ISI. Sont indiqués : IF de l'année de publication et IF de la dernière édition du JCR **(last)**, « **?** » si pas encore connu d'ORBi ; « **-** » si inexistant.
• **IF5 :** idem que IF mais pour une période de 5 ans (nouvel indice depuis 2009).
• **EigenF = EigenFactor** (voir : http://www.eigenfactor.org/).
• **Article Infl. = Article Influence :** EigenFactor divisé par le nombre d'articles publiés dans cette revue.

→ En savoir plus ? http://orbi.ulg.ac.be/rpt#rev

Indices bibliométriques liés à l'article
• **ORBi viewed** = nombre total de visualisations de la référence sur ORBi (dont X en interne à ULg).
• **ORBi downloaded** = nombre total de téléchargements du texte intégral via ORBi, y compris tirés à part.
• **SCOPUS®** = nombre de citations du document repérées par SCOPUS®.

→ En savoir plus ? http://orbi.ulg.ac.be/rpt#art

(Avertissement : en fonction des disciplines, certains indicateurs bibliométriques peuvent ne pas se révéler pertinents)

⤙, ⬚, etc: texte intégral du document disponible en Open Access
⤙, ⬚, etc: texte intégral du document disponible en accès restreint
Peer reviewed (vérifié par ORBi) : l'information est présente dans la base ORBi des périodiques

1. Thèses et mémoires

1.b. Thèses de doctorat

⤙

Battisti, O. (1992). *L'intégration des parents dans un service de néonatalogie lourde.* Unpublished doctoral thesis, Faculté de Médecine Nancy 2 Département de santé publique, Nancy, France.
http://hdl.handle.net/2268/15352
Jury: Deschamps, J.-P.
ORBi viewed: **80** (12 ULg) ; downloaded: **71** (9 ULg) — SCOPUS®: -

3. Articles dans des revues scientifiques avec peer reviewing

3.a. À portée internationale

En tant que premier ou dernier auteur

TSHIMANGA, P., & Battisti, O. (2015). COMMENT JE TRAITE… un asthme bronchique inaugural ou déstabilisé de manière aiguë chez l'enfant. *Revue Médicale de Liège, 70*.
http://hdl.handle.net/2268/178324
Peer reviewed (vérifié par ORBi) ✓
ORBi viewed: **36** (5 ULg) ; downloaded: **69** (3 ULg) — SCOPUS®: -

BARREA, C., Seghaye, M.-C., & Battisti, O. (2014). L'hypothermie induite dans l'encéphalopathie anox--ischémique du nouveau-né. *Percentile*.
http://hdl.handle.net/2268/163882
Peer reviewed ✓
ORBi viewed: **35** (8 ULg) ; downloaded: **106** (5 ULg) — SCOPUS®: -

BARREA, C., Seghaye, M.-C., & Battisti, O. (2014). l'hypothermie induite dans l'encéphalopathie anoxo-ischémique du nouveau-né. *Percentile*.
http://hdl.handle.net/2268/163890
Peer reviewed ✓
ORBi viewed: **33** (3 ULg) ; downloaded: **623** (1 ULg) — SCOPUS®: -

BARREA, C., Seghaye, M.-C., & BATTISTI, O. (2014). le potentiel des cellules souches dans l'encéphalopathie anoxo-ischémique du nouveau-né. *Percentile*.
http://hdl.handle.net/2268/163885
Peer reviewed ✓
ORBi viewed: **22** (2 ULg) ; downloaded: **65** (1 ULg) — SCOPUS®: -

Battisti, O., & Beguin, Y. (2014). A propos de l'encéphalopathie du nouveau-né. *Percentile, 19*, 8-9.
http://hdl.handle.net/2268/165197
Peer reviewed ✓
ORBi viewed: **55** (8 ULg) ; downloaded: **27** (6 ULg) — SCOPUS®: -

BIONDOLILLO, G., CAPRASSE, P., & Battisti, O. (2014). Comment je prends en charge une arthrite septique d'origine indéterminée chez l'enfant. *Revue Médicale de Liège, 69*(1), 7-11.
http://hdl.handle.net/2268/157399
Peer reviewed (vérifié par ORBi) ✓
ORBi viewed: **55** (7 ULg) ; downloaded: **641** (5 ULg) — SCOPUS®: **0**

Dachy, A., & Battisti, O. (2014). Comment j'explore...les infections nosocomiales en néonatologie. *Revue Médicale de Liège*.
http://hdl.handle.net/2268/164485
Peer reviewed (vérifié par ORBi) ✓
ORBi viewed: **58** (8 ULg) ; downloaded: **227** (6 ULg) — SCOPUS®: **0**

Battisti, O., Zigabe Mushamuka, S., withofs, L., langhendries, J.-P., adant-françois, A., Bertrand, J.-M., NYAMUGABO MUNYERE NKANA, K., KEFALA, K., & GKIOUGKI, E. (2013). the growth of brain and muscles in premature neonates: a comparison between antenatal and postnatal periods (infants from birth to 40 days of life). *Annales Africaine de Médecine*.
http://hdl.handle.net/2268/155213
Peer reviewed ✓
ORBi viewed: **54** (20 ULg) ; downloaded: **48** (11 ULg) — SCOPUS®: -

Dachy, A., LEFEBVRE, P., & Battisti, O. (2013). comment j'explore une otite séromuqueuse chez l'enfant. *Revue Médicale de Liège, 68*, 542-547.
http://hdl.handle.net/2268/158200
Peer reviewed (vérifié par ORBi) ✔
ORBi viewed: **75** (10 ULg) ; downloaded: **171** (4 ULg) — SCOPUS®: **0**

Battisti, O. (2012, April). The in utero and in the postnatal period growth in human newborns. *Pediatrics & Therapeutics: Current Research*.
http://hdl.handle.net/2268/115931
Peer reviewed (vérifié par ORBi) ✔
ORBi viewed: **19** (4 ULg) ; downloaded: **29** (5 ULg) — SCOPUS®: -

Battisti, O., bertrand, J.-M., rouatbi, H., & ESCANDAR, G. (2012). lung compliance and resistance in premature and term neonates. *Pediatrics & Therapeutics: Current Research*.
http://hdl.handle.net/2268/111015
Peer reviewed (vérifié par ORBi) ✔
ORBi viewed: **60** (5 ULg) ; downloaded: **60** (5 ULg) — SCOPUS®: -

Battisti, O., NYAMUGABO MUNYERE NKANA, K., & MAZOIN, N. (2012). the importance of late neuronal migration in the neonatal and following periods. *Developmental Medicine and Child Neurology. Supplement, 54*, 18.
http://hdl.handle.net/2268/112495
Peer reviewed (vérifié par ORBi) ✔
ORBi viewed: **20** (2 ULg) ; downloaded: **8** (1 ULg) — SCOPUS®: -

Battisti, O., Withofs, L., Langhendries, J.-P., Adant-François, A., Bertand, J.-M., NYAMUGABO MUNYERE NKANA, K., & GKIOUGKI, E. (2012). A longitudinal study on the perinatal growth of brain, cerebellum and skeletal muscles in premature babies. *BMC Pregnancy and Childbirth*.
http://hdl.handle.net/2268/136822
Peer reviewed (vérifié par ORBi) ✔
ORBi viewed: **54** (9 ULg) ; downloaded: **36** (2 ULg) — SCOPUS®: -
IF 2012: **2.516**; last: **2.190**; IF5: **2.925** — EigenF 2012: **0.0056**; last: **0.0074** — Article Infl. 2012: **1.2919**; last: **1.0476**

Battisti, O., & Domine, F. (2010). lorsque le sommeil de l'enfant n'est pas de tout repos pour lui, ses parents et le médecin. *Revue Médicale de Liège*.
http://hdl.handle.net/2268/67321
Peer reviewed (vérifié par ORBi) ✔
ORBi viewed: **48** (7 ULg) ; downloaded: **126** (4 ULg) — SCOPUS®: **0**

Carvelli, T., & Battisti, O. (2010). comment pouvons-nous pratiquement améliorer l'observance thérapeutique dans l'asthme de l'enfant et de l'adolescent? *Revue Médicale de Liège*.
http://hdl.handle.net/2268/67322
Peer reviewed (vérifié par ORBi) ✔
ORBi viewed: **97** (5 ULg) ; downloaded: **361** (7 ULg) — SCOPUS®: -

Costa de Araujo, P., & Battisti, O. (2010). Comment j'explore une masse cervicale chez l'enfant. *Revue Médicale de Liège, 65*, 40-45.
http://hdl.handle.net/2268/18452

Peer reviewed (vérifié par ORBi) ✓
ORBi viewed: 181 (24 ULg) ; downloaded: 3081 (13 ULg) — SCOPUS®: 0

⚖

Battisti, O., Nyamugabo Munyere Nkana, K., Vandenbosch, K., & Carvelli, T. (2009). Anticoprs monoclonaux en pédiatrie Palivizumab (Synagis): indications et aspects pratiques. *Revue Médicale de Liège, 64*, 318-322.
http://hdl.handle.net/2268/15315
Peer reviewed (vérifié par ORBi) ✓
ORBi viewed: 84 (17 ULg) ; downloaded: 109 (2 ULg) — SCOPUS®: -

⚖

Battisti, O., Scalais, E., Nuttin, C., Seneca, S., Smet, J., De Paepe, B., Martin, J. J., Stevens, R., Pierart, F., Lissens, W., De Merleir, L., & Van Coster, R. (2007). Infantile presentation of the mitochondrial A8344G mutation. *European Journal of Neurology, 14*, 3-5.
http://hdl.handle.net/2268/18930
Peer reviewed (vérifié par ORBi) ✓
ORBi viewed: 23 (3 ULg) ; downloaded: 7 (1 ULg) — SCOPUS®: 5
IF 2007: 2.580; last: 4.055; IF5: 3.786 — EigenF 2007: 0.0120; last: 0.0213 — Article Infl. 2007: 0.6979; last: 1.1251

⚖

Battisti, O., Withofs, L., Adant-François, A., Bertrand, J. M., Kalenga, M., Langhendries, J. P., Pierart, F., & Reding, B. (2002). Etude longitudinale de l'hémodynamique artériele mésentérique chez le nouveau-né stable en alimentation entérale. *Louvain Medical, 121*, 117-123.
http://hdl.handle.net/2268/15350
Peer reviewed ✓
ORBi viewed: 21 (8 ULg) ; downloaded: 23 — SCOPUS®: -

⚖

Battisti, O., Withofs, L., Latour, J. P., Paquot, J. P., Khuc, T., Moniotte, S., Egedy, M., Adant-François, A., Bertrand, J. M., Jordan, I., Kalenga, M., Maton, P., Langhendries, J. P., & Pierart, F. (2002). Etude longitudinale du canal artériel chez le nouveau-né instable: intérêt du Doppler de la carotide gauche dans l'évaluation du shunt gauche-droit. *Louvain Medical, 121*.
http://hdl.handle.net/2268/15349
Peer reviewed ✓
ORBi viewed: 40 (13 ULg) ; downloaded: 48 (4 ULg) — SCOPUS®: -

Battisti, O. (1998). Assessment of developmental outcome of preterm babies. *Archives de Pédiatrie, 5*, 581-587.
http://hdl.handle.net/2268/15266
Peer reviewed (vérifié par ORBi) ✓
ORBi viewed: 5 (1 ULg) — SCOPUS®: 5
IF 1998: 0.358; last: 0.407; IF5: 0.336 — EigenF 1998: 0.0011; last: 0.0020 — Article Infl. 1998: 0.0487; last: 0.0732

Battisti, O. (1998). early surfactant changes afetr surfactant therapy in premature infants assisted by HFOV. *Pediatric Research, 2*, 287.
http://hdl.handle.net/2268/15816
Peer reviewed (vérifié par ORBi) ✓
ORBi viewed: 14 — SCOPUS®: -
IF 1998: 3.098; last: 2.314; IF5: 2.859 — EigenF 1998: 0.0423; last: 0.0168 — Article Infl. 1998: 1.0465; last: 0.9327

Battisti, O. (1998). high frequency oscillatory ventilation in RDS. *Pediatric Research, 2*, 287.
http://hdl.handle.net/2268/15814
Peer reviewed (vérifié par ORBi) ✓
ORBi viewed: 4 — SCOPUS®: -
IF 1998: 3.098; last: 2.314; IF5: 2.859 — EigenF 1998: 0.0423; last: 0.0168 — Article Infl. 1998: 1.0465; last: 0.9327

Battisti, O. (1998). the once-daily concept of aminoglycoside administration adapted in neonatalogy. *Pediatric Research, 2*, 249.
http://hdl.handle.net/2268/15815
Peer reviewed (vérifié par ORBi) ✓
ORBi viewed: 9 — SCOPUS®: -
IF 1998: 3.098; last: 2.314; IF5: 2.859 — EigenF 1998: 0.0423; last: 0.0168 — Article Infl. 1998: 1.0465; last: 0.9327

Battisti, O., Adant-François, A., Bertrand, J. M., Kalenga, M., & Langhendries, J. P. (1998). Le prématuré confronté aux troubles de l'attachement. Prévention et prise en charge. *Archives Françaises de Pédiatrie, 5*, 573-576.
http://hdl.handle.net/2268/15322
Peer reviewed (vérifié par ORBi) ✓
ORBi viewed: 125 (9 ULg) — SCOPUS®: -

Battisti, O., François, A., Bertrand, J. M., Kalenga, M., & Langhendries, J. P. (1998). bébé prématuré, bébé particulier ? Quel suivi développemental ? *Archives de Pédiatrie, 5*, 568-572.
http://hdl.handle.net/2268/16767
Peer reviewed (vérifié par ORBi) ✓
ORBi viewed: 38 (1 ULg) — SCOPUS®: 5
IF 1998: 0.358; last: 0.407; IF5: 0.336 — EigenF 1998: 0.0011; last: 0.0020 — Article Infl. 1998: 0.0487; last: 0.0732

Battisti, O., Kalenga, M., François, A., Langhendries, J. P., Gerstmann, D. R., & Bertrand, J. M. (1998). high frequency oscillatory ventilation in neonatal RDS: initial volume optimization and respiratory mechanics. *Journal of Applied Physiology, 84*, 1174-1177.
http://hdl.handle.net/2268/15343
Peer reviewed (vérifié par ORBi) ✓
ORBi viewed: 9 (1 ULg) — SCOPUS®: 18

Battisti, O., Langhendries, J. P., Bertrand, J. M., François, A., Kalenga, M., Darimont, J., Scalais, E., & Wallemacq, P. (1998). adaptation in neonatalogy of the once-daily concept of aminoglycoside administration: evaluation of a dosing chart for amikacin in an intensive care unit. *Biology of the Neonate, 74*, 351-362.
http://hdl.handle.net/2268/15342
Peer reviewed (vérifié par ORBi) ✓
ORBi viewed: 13 (1 ULg) — SCOPUS®: 47
IF 1998: 0.784; last: -; IF5: - — EigenF: — Article Infl.:

Battisti, O., Gerstmann, D. R., Mintons, R. A., Meredith, K. S., Monaco, F., Bertrand, J. M., Langhendries, J. P., François, A., & Clark, R. H. (1996). The Provo Multicenter Early High-frequency Oscillatory Ventilation Trial: Improved Pulmonary and Clinical Outcome in Respiratory Distress Syndrome. *Pediatrics, 98*, 1044-1058.
http://hdl.handle.net/2268/15250
Peer reviewed (vérifié par ORBi) ✓
ORBi viewed: 9 (2 ULg) — SCOPUS®: 291
IF 1996: 2.746; last: 5.473; IF5: 6.169 — EigenF 1996: ?; last: 0.1199 — Article Infl. 1996: ?; last: 2.022

Battisti, O., Adant-François, A., Bertrand, J. M., Detry, J., Lambert, Y., Lecart, C., Louis, J., & Langhendries, J. P. (1995). correlations between cerebral blood flow velocities, cerebral perfusion pressure and intracranial pressure in sick neonates. *Circulation et Métabolisme du Cerveau, 12*, 139-148.
http://hdl.handle.net/2268/15319
Peer reviewed ✓
ORBi viewed: 27 (2 ULg) ; downloaded: 22 — SCOPUS®: 1

Battisti, O. (1994). cerebral blood flow velocities measurements on anterior cerebral artery during general anesthesia and minor surgery. *Circulation et Métabolisme du Cerveau, 11*, 9-14.
http://hdl.handle.net/2268/15320
Peer reviewed ✓
ORBi viewed: 5 (2 ULg) ; downloaded: 8 — SCOPUS®: -

Battisti, O., Detry, J., Louis, J., François, A., Chedid, F., Bertrand, J. M., & Langhendries, J. P. (1994). Cerebral blood flow velocities during natural bovine surfactant therapy in very preterm babies. *Circulation et Métabolisme du Cerveau, 11*, 33-48.
http://hdl.handle.net/2268/15258
Peer reviewed ✓
ORBi viewed: 29 (5 ULg) ; downloaded: 11 — SCOPUS®: 1

Battisti, O., Wallemacq P, & Langhendries JP. (1994). Once-a-day administration of amikacin in neonates: clinical evidence of the validity of a pharmacokinetic according to the gestational age. *Early Human Development, 38*, 57.

Battisti, O. (1993). Infections par streptocoque B en période néonatale. Epidémiologie et prévention. *Archives Françaises de Pédiatrie, 50*, 427-433.

Battisti, O. (1993). Once daily administration of amikacin. Adaptation to neonatology for infants less than 3 days of postnatal age. *Médecine et Maladies Infectieuses, 23*, 44-54.

Battisti, O., Langhendries, J. P., Bertrand, J. M., François, A., Darimont, J., Ibrahim, S., Tulkens, P. M., Bernard, A., Buchet, J. P., & Scalais, E. (1993). once a day administration of amikacine in neonates: assessment of nephrotoxicity and ototoxicity. *Developmental Pharmacology and Therapeutics, 20*, 220-230.

Battisti, O., Langhendries, J. P., Bertrand, J. M., François, A., Darimont, J., Tulkens, P. M., Bernard, A., Buchet, J. P., Scalais, E., & Wallemacq, P. E. (1993). administration en dose unique journalière de l'amikacine. Adaptation à la néonatalogie pour des enfants traités avant le 3° jour d'âge postnatal. *Médecine et Maladies Infectieuses, 23*, 44-54.

Battisti, O., Vanclaire, J., François, A., Chedid, F., Bertrand, J. M., & Langhendries, J. P. (1993). infections par streptocoque B en période néonatale. *Archives Françaises de Pédiatrie, 50*, 427-433.

Battisti, O., Langhendries, J. P., Bertrand, J. M., François, A., Darimont, J., & Scalais, E. (1992). Once-a-day administration of amikacin in neonates: assessment of nephrotoxicity and ototoxicity. *Developmental Pharmacology and Therapeutics, 20*, 220-230.

Battisti, O. (1992). GBS infection in the perinatal period. *Journal of Perinatal Medicine, 20*, 184.

Battisti, O., Armengol, A., Withofs, L., Croughs, M. O., Bertrand, J. M., François, A., & Langhendries, J. P. (1992). Cerebral and extracerebral hemodynamics in healthy and sick human neonates. *Circulation et Métabolisme du Cerveau, 9*, 95-102.

Battisti, O., Langhendries, J. P., François, A., Chedid, F., Bertrand, J. M., & Senterre, J. (1992). Phosphorus intake in preterm babies

and variation of tubular reabsorption for phosphate per liter glomerular filtrate. *Biology of the Neonate, 61*, 345-50.
http://hdl.handle.net/2268/15252
Peer reviewed (vérifié par ORBi) ✔
ORBi viewed: 15 (3 ULg) — SCOPUS®: 6

Battisti, O., Langhendries, J. P., Hurell, R. F., Furniss, D. E., Hischehuber, C., Finot, P. A., Bernard, A., Bertrand, J. M., & Senterre, J. (1992). Maillard reaction products and lysoalanine: urinary excretion and the effects on kidney fraction of preterm infants fed head processed milk formula. *Journal of Pediatric Gastroenterology and Nutrition, 14*, 62-70.
http://hdl.handle.net/2268/15347
Peer reviewed (vérifié par ORBi) ✔
ORBi viewed: 36 — SCOPUS®: 32
IF 1992: ?; last: **2.625**; IF5: **2.758** — EigenF 1992: ?; last: **0.0174** — Article Infl. 1992: ?; last: **0.8132**

Battisti, O. (1991). Prise en charge du foetus présentant un retard de croissance intra-utérin: le point de vue du néonatologue. *Revue Médicale de Liège, 46*, 262-269.
http://hdl.handle.net/2268/15261
Peer reviewed (vérifié par ORBi) ✔
ORBi viewed: 17 (8 ULg) — SCOPUS®: 0

Battisti, O. (1991). tracheal agenesis: an unusual cause of neonatal respiratory distress. *Pediatric Pulmonology, 150*, 757-760.
http://hdl.handle.net/2268/16754
Peer reviewed (vérifié par ORBi) ✔
ORBi viewed: 13 — SCOPUS®: 2
IF 1991: ?; last: **2.704**; IF5: **2.597** — EigenF 1991: ?; last: **0.0100** — Article Infl. 1991: ?; last: **0.7239**

Battisti, O., Evrard, J., Khamis, J., Rausin, L., Legat, C., Bertrand, J. M., & Langhendries, J. P. (1991). A scoring system in predicting the risk of intestinal stricture in necrotizing enterocolitis. *European Journal of Pediatrics, 150*, 757-760.
http://hdl.handle.net/2268/15348
Peer reviewed (vérifié par ORBi) ✔
ORBi viewed: 19 (3 ULg) — SCOPUS®: 6
IF 1991: ?; last: **1.890**; IF5: **1.877** — EigenF 1991: ?; last: **0.0109** — Article Infl. 1991: ?; last: **0.5469**

Battisti, O., Armengol, A. J., Withofs, L., Bertrand, J. M., & Langhendries, J. P. (1989). El diagnostico neurologico por ultrasonografia. *Archivos de Pediatria, 40*, 119-134.
http://hdl.handle.net/2268/15338
Peer reviewed (vérifié par ORBi) ✔
ORBi viewed: 17 (7 ULg) — SCOPUS®: -

Battisti, O., Armengol, A. J., Withofs, L., Delfosse, G., Bertrand, J. M., & Langhendries, J. P. (1989). El diagnostico neurologico por ultrasonografia II. *Archivos de Pediatria, 40*, 213-225.
http://hdl.handle.net/2268/15339
Peer reviewed (vérifié par ORBi) ✔
ORBi viewed: 11 (3 ULg) — SCOPUS®: -

Battisti, O., Langhendries, J. P., & Bertrand, J. M. (1989). le rein durant la période périnatale. *Revue Médicale de Liège, 44*, 642-653.
http://hdl.handle.net/2268/16755
Peer reviewed (vérifié par ORBi) ✔
ORBi viewed: 14 — SCOPUS®: 2

Battisti, O., Langhendries, J. P., Mattot, M., François, A., Deprez, D., Bertrand, J. M., & Schoofs, S. (1989). Validity of N-acetyl-beta-D-glucosaminidase (NAG) determination in assessing netilmicin nephrotoxicity in preterm babies. *Biology of the Neonate, 56*, 76-82.
http://hdl.handle.net/2268/15249
Peer reviewed (vérifié par ORBi) ✔
ORBi viewed: 6 (1 ULg) — SCOPUS®: 10

Battisti, O., Langhendries, J. P., Thiry, E., Bodart, E., Delfosse, G., Withofs, L., & Bertrand, J. M. (1989). Exogenous prostaglandin administration and pseudo-bartter syndrome. *European Journal of Pediatrics, 149*, 208-209.
http://hdl.handle.net/2268/15337
Peer reviewed (vérifié par ORBi) ✔
ORBi viewed: 15 (2 ULg) — SCOPUS®: 9

IF 1989: ?; last: **1.890**; IF5: **1.877** — EigenF 1989: ?; last: **0.0109** — Article Infl. 1989: ?; last: **0.5469**

Battisti, O., Langhendries, J. P., & Bertrand, J. M. (1988). Aminoglycoside nephrotoxicity and urinary excretion of N-acetyl-beta-D-glucosaminidase. *Biology of the Neonate, 53*, 253-259.
http://hdl.handle.net/2268/15265
Peer reviewed (vérifié par ORBi) ✓
ORBi viewed: **7** — SCOPUS®: **8**

Battisti, O., Swartebroeckx, Y., Armengol, A. J., Lamboray, A. M., Legrand, B., Bertrand, J. M., & Langhendries, J. P. (1988). Sensibilidad del electroencefalograma en la evaluacion de la edad del recien nacido: estudio prospectivo. *Archivos de Pediatria, 39*, 135-143.
http://hdl.handle.net/2268/15336
Peer reviewed (vérifié par ORBi) ✓
ORBi viewed: **24** (2 ULg) — SCOPUS®: -

Battisti, O. (1987). Successful treatment of intrauterine supraventricular tachycardia and hydrops fetalis with digoxin. *European Journal of Pediatrics, 145*, 622.
http://hdl.handle.net/2268/15269
Peer reviewed (vérifié par ORBi) ✓
ORBi viewed: **16** (2 ULg) — SCOPUS®: -
IF 1987: ?; last: **1.890**; IF5: **1.877** — EigenF 1987: ?; last: **0.0109** — Article Infl. 1987: ?; last: **0.5469**

Battisti, O., Bertrand, J. M., & Langhendries, J. P. (1987). Neonatal intracranial hemorrhage and phenobarbital. *Pediatrics, 79*, 314-315.
http://hdl.handle.net/2268/15240
Peer reviewed (vérifié par ORBi) ✓
ORBi viewed: **12** (4 ULg) — SCOPUS®: **0**
IF 1987: ?; last: **5.473**; IF5: **6.169** — EigenF 1987: ?; last: **0.1199** — Article Infl. 1987: ?; last: **2.022**

Battisti, O., Bertrand, J. M., Langhendries, J. P., & Gras, A. (1987). Digoxine-like immunoreactive substance in serum of preterm and full term neonates. *European Journal of Pediatrics, 146*, 145-146.
http://hdl.handle.net/2268/15335
Peer reviewed (vérifié par ORBi) ✓
ORBi viewed: **16** (1 ULg) — SCOPUS®: **8**
IF 1987: ?; last: **1.890**; IF5: **1.877** — EigenF 1987: ?; last: **0.0109** — Article Infl. 1987: ?; last: **0.5469**

Battisti, O., Langhendries, J. P., Gillain, N., Carlier, B., & Bertrand, J. M. (1987). Normal values for urinary N-acetyl-beta-glucosaminidase excretion in preterm and term babies. *Archives of Disease in Childhood, 62*, 483-486.
http://hdl.handle.net/2268/15254
Peer reviewed (vérifié par ORBi) ✓
ORBi viewed: **4** (2 ULg) — SCOPUS®: **12**
IF 1987: ?; last: **2.899**; IF5: **2.943** — EigenF 1987: ?; last: **0.0172** — Article Infl. 1987: ?; last: **0.9984**

Battisti, O., Swartebroeck, Y., Armengol, A. J., Legrand, B., Bertrand, J. M., & Langhendries, J. P. (1987). Etude comparative de différentes méthodes d'évaluation de l'âge gestationnel. *Revue Médicale de Liège, 19*, 780-785.
http://hdl.handle.net/2268/15239
Peer reviewed (vérifié par ORBi) ✓
ORBi viewed: **14** — SCOPUS®: -

Battisti, O. (1986). Hémorragies sub-épendymaires et intraventriculaires chez le prémature eutrophique de 34 semaines de gestation et moins. *Revue Médicale de Liège, 41*, 915-921.
http://hdl.handle.net/2268/15263
Peer reviewed (vérifié par ORBi) ✓
ORBi viewed: **8** (3 ULg) — SCOPUS®: **0**

Battisti, O., Bachy, A., & Gérard, P. (1986). Brain growth in sick preterm neonates: a real time ultrasound study. *Early Human Development, 13*, 13-20.
http://hdl.handle.net/2268/15241
Peer reviewed (vérifié par ORBi) ✓

Battisti, O., Bertrand, J. M., Dubois, P., Langhendries, J. P., & Withofs, L. (1986). Successful treatment of intrauterine supraventricular tachycardia and hydrops fetalis with digoxin. *European Journal of Pediatrics, 145*, 449.
http://hdl.handle.net/2268/15251
Peer reviewed (vérifié par ORBi) ✓

Battisti, O., François, B., Leyssens, L., Gérard, P., & Bachy, A. (1986). Contaminants in blood of infants on prolonged intravenous therapy. *Lancet, 1*, 380-381.
http://hdl.handle.net/2268/15268
Peer reviewed (vérifié par ORBi) ✓

Battisti, O., Bertrand, J. M., & Langhendries, J. P. (1985). Obstetrics in small hospitals. *Lancet, 2*, 840.
http://hdl.handle.net/2268/15242
Peer reviewed (vérifié par ORBi) ✓

Battisti, O., Gerard, P., Bachy, A., Senterre, J., Rigo, J., Adam, E., Beauduin, P., Bartholome, J., & El Bouz, S. (1985). Mortality in 504 infants weighing less than 1501 g at birth. *European Journal of Pediatrics, 144*, 219-224.
http://hdl.handle.net/2268/15255
Peer reviewed (vérifié par ORBi) ✓

Battisti, O., Gillerot, Y., Bachy, A., & Gérard, P. (1985). Les malformations congénitales dans un service de néonatologie. *Louvain Medical, 104*, 275-279.
http://hdl.handle.net/2268/15243
Peer reviewed ✓

Battisti, O., Adam, E., Heusquin, A., Bachy, A., Gerard, P., Bartholome, J., El Bouz, S., Beauduin, P., Rigo, J., & Senterre, J. (1984). Evolution of perinatal mortality in 4 maternal health centers in the Walloon region from 1977 to 1982]. *Revue Médicale de Liège, 39*, 534-538.
http://hdl.handle.net/2268/15260
Peer reviewed (vérifié par ORBi) ✓

Battisti, O., Langhendries, J. P., Bertrand, J. M., Senterre, J., Rigo, J., Laloux, F., Adam, E., Heusquin, A., Beauduin, P., El Bouz, S., Bartholome, J., Gerard, P., & Bachy, A. (1984). répercussion sur la mortalité périnatale de la nouvelle classification par groupe de poids recommandée par l'OMS. *Archives Belges de Médecine Sociale, Hygiène, Médecine du Travail et Médecine Légale = Belgisch Archief van Sociale Geneeskunde, Hygiene, Arbeidsgeneeskunde en Gerechtelijke Geneeskunde, 42*, 492-500.
http://hdl.handle.net/2268/15334
Peer reviewed (vérifié par ORBi) ✓

Battisti, O., Levene, M. I., Wigglesworth, J. S., Desai, R., Meek, J. H., Bulusu, S., & Hughes, E. (1984). a prospective study of intrapulmonary fat accumulation in the newborn lung following intralipid infusion. *Acta Paediatrica Scandinavica, 73*, 454-460.
http://hdl.handle.net/2268/18355
Peer reviewed (vérifié par ORBi) ✓

Battisti, O., Bachy, A., Grandjean, A., & Gérard, P. (1983). Etude longitudinale par ultrasonographie en temps réel des lésions de l'encéphale chez le nouveau né malade. *Louvain Medical, 102*, 195-201.
http://hdl.handle.net/2268/15244
Peer reviewed ✓

Battisti, O. (1981). relations entre les facteurs maternels, sociaux et les grossesses et accouchements à risques. *Louvain Medical, 100*, 161-168.
http://hdl.handle.net/2268/15317
Peer reviewed ✓
ORBi viewed: **14** (5 ULg) — SCOPUS®: -

Battisti, O., Bachy, A., & Gérard, P. (1981). Incidence of low Apgar score at birth in high risk pregnancies. The Journal of Obstetrics and Gynaecology. *Journal of Obstetrics & Gynaecology : The Journal of the Institute of Obstetrics & Gynaecology, 2*, 32-36.
http://hdl.handle.net/2268/15247
Peer reviewed (vérifié par ORBi) ✓
ORBi viewed: **71** (3 ULg) — SCOPUS®: -
IF 1981: ?; last: **0.551**; IF5: **0.602** — EigenF 1981: ?; last: **0.0040** — Article Infl. 1981: ?; last: **0.193**

Battisti, O., Bachy, A., & Gérard, P. (1981). Relations entre les facteurs maternels, sociaux et les grossesses et accouchements à risques. *Louvain Medical, 100*, 161-168.
http://hdl.handle.net/2268/15248
Peer reviewed ✓
ORBi viewed: **9** — SCOPUS®: -

Battisti, O., Mitchison, R., & Davies, P. A. (1981). Changing of blood culture isolates in a referral neonatal intensive care unit. *Archives of Disease in Childhood, 56*, 775-778.
http://hdl.handle.net/2268/15246
Peer reviewed (vérifié par ORBi) ✓
ORBi viewed: **14** (5 ULg) ; downloaded: **10** — SCOPUS®: **67**
IF 1981: ?; last: **2.899**; IF5: **2.943** — EigenF 1981: ?; last: **0.0172** — Article Infl. 1981: ?; last: **0.9984**

Battisti, O., Oto, A., Mitchison, R., & Davies, P. A. (1980, July 04). Changing of blood culture isolates in neonates. *Early Human Development*.
http://hdl.handle.net/2268/15238
Peer reviewed (vérifié par ORBi) ✓
ORBi viewed: **15** (7 ULg) ; downloaded: **5** (1 ULg) — SCOPUS®: -
IF 1980: ?; last: **1.785**; IF5: **2.172** — EigenF 1980: ?; last: **0.0091** — Article Infl. 1980: ?; last: **0.7403**

Battisti, O., Gérard, P., & Bachy, A. (1979). Transient thyroid insuffisiency in sick neonates. *Acta Paediatrica Belgica, 32*, 193-198.
http://hdl.handle.net/2268/15331
Peer reviewed (vérifié par ORBi) ✓
ORBi viewed: **20** (11 ULg) — SCOPUS®: -

En tant que co-auteur

Lederer, D., Battisti, O., Rack, K., Boulanger, S., & Verellen-Dumoulin, C. (2012). Discordant monozygotic twins for macrocephaly-capillary malformation. *American Journal of Medical Genetics*.
http://hdl.handle.net/2268/122888
Peer reviewed (vérifié par ORBi) ✓
ORBi viewed: **16** ; downloaded: **11** — SCOPUS®: **0**

Egedy, M., Rousseaux, D., Maton, P., Jordan, I., François, A., Battisti, O., & Langhendries, J.-P. (2003). Influence of Empirical Antibiotic (AB) Policy for Suspected Early-Onset Infection on the Bacterial Epidemiology in a Neonatal Unit. *Mindcull.com/pediatric academic societies annual meeting*.
http://hdl.handle.net/2268/110032
Peer reviewed ✓

Masendu, K., Battisti, O., Bertrand, J.-M., langhendries, J.-P., françois, A., & gerstamann, D. (1998). High-frequency oscillatory ventilation in neonatal RDS:initial volume optimization an respiratory mechanics. *Journal of Applied Physiology, 84*, 1174-1177.
http://hdl.handle.net/2268/70653
Peer reviewed (vérifié par ORBi) ✓

3.b. À portée nationale

En tant que premier ou dernier auteur

Battisti, O., Adant-François, A., Scalais, E., Kalenga, M., Withofs, L., Paquay, T., Langhendries, J. P., Reding, B., Pierart, F., Jordan, I., & Maton, P. (2001). The acquired brain injuries in the term and preterm babies: an update on their pathophysiology. *Journal du Pédiatre Belge, 3*, 216-217.
http://hdl.handle.net/2268/15326
Peer reviewed ✓

Battisti, O., Langhendries, J. P., Kalenga, M., Bertrand, J. M., Adant-François, A., & Rousseaux, D. (2000). L'antibiothérapie en néonatalogie: mise-au-point. *Journal du Pédiatre Belge, 2*, 87-100.
http://hdl.handle.net/2268/15341
Peer reviewed ✓

Battisti, O., Bertrand, J. M., Adant-François, A., Kalenga, M., & Langhendries, J. P. (1997). morbidity in neonates afetr labour induction or cesarean section. *vlaamse verenigong voor obstetrie en gynaecologie jaarboek, 1*, 121-129.
http://hdl.handle.net/2268/15323
Peer reviewed ✓

Battisti, O. (1995). neuroendocrinology in the perinatal period. *mini acta of belgian society of pediatrics, 27*, 28-29.
http://hdl.handle.net/2268/15321
Peer reviewed ✓

Battisti, O., Bachy, A., Gérard, P., & Langhendries, J. P. (1980). comment réduire la mortalité périnatale. *Journal des Enfants.*
http://hdl.handle.net/2268/16750
Peer reviewed ✓

4. Articles dans des revues scientifiques sans peer reviewing

4.b. À portée nationale

Battisti, O., Burrin, J., Brown, M., & Davies, P. A. (1981). Etude de la tolérance biologique de l'alimentation parentérale chez le nouveau né en dessous de 1500 g. *Groupe contact de nutrition enterale et parenterale du FNRS.*
http://hdl.handle.net/2268/15245

5. Ouvrages

5.a. En tant qu'auteur ou co-auteur

Battisti, O. (2012). *carnet de pédiatrie: Gastroentérologie et nutrition de l'enfant*. Les éditions de l'université de Liège.
http://hdl.handle.net/2268/126659

Battisti, O. (2012). *carnet de pédiatrie: immunologie et maladies infectieuses*. Les éditions de l'Université de Liège.
http://hdl.handle.net/2268/126661

Battisti, O. (2012). *Carnet de pédiatrie: rhumatologie de l'enfant*. Les éditions de l'Université de Liège.
http://hdl.handle.net/2268/126660

Battisti, O. (2012). *carnet de pédiatrie: urologie de l'enfant*. les éditions de l'Université de Liège.
http://hdl.handle.net/2268/126662

Battisti, O. (2012). *Carnet de pédiatrie: néphrologie*. Les éditions de l'Université de Liège.
http://hdl.handle.net/2268/126663

Battisti, O. (2012). *carnet de pédiatrie: troubles de la thermorégulation avec cas illustrés*. les éditions de l'Université de Liège.
http://hdl.handle.net/2268/126667

Battisti, O. (2011). *Autism/book3 Sleep disorders correlated to neurophysiology in the autism spectrum*. Intech.
http://hdl.handle.net/2268/95182

Battisti, O. (2010). *carnet de pédiatrie en Afrique: Précis de néonatologie*. les press.
http://hdl.handle.net/2268/80072

Battisti, O. (2009). *Le cahier de santé de votre enfant*.
http://hdl.handle.net/2268/38953

Battisti, O. (1996). *Listening to the brain of the newborn by the Doppler method*.
http://hdl.handle.net/2268/15354

6. Chapitres et parties d'ouvrages collectifs

6.a. Chapitres

Battisti, O., GKIOUGKI, E., & NYAMUGABO MUNYERE NKANA, K. (2014). L'ictère du nouvea-né en maternité: diagnostic et

prise-en-charge. *Guide du post-partum en Belgique.* De Boeck Université.
http://hdl.handle.net/2268/171178
Peer reviewed ✓

8. Conférences scientifiques dans des universités et centres de recherche

人

Battisti, O. (2015, May). *actualités sur la physiopathologie, le traitement et le suivi de l'asthme bronchique chez l'enfant.* Paper presented at Enseignement post-universitaire de l'Université de Liège: les journées de mai 2015.
http://hdl.handle.net/2268/182775

人

Battisti, O. (2015, April). *La recherche clinique chez l'enfant: ouvertures pour le Congo en immunologie et pneumologie.* Paper presented at conférences académiques: faculté de médecine, université catholique de Bukavu (RDC), Bukavu, R D Congo.
http://hdl.handle.net/2268/181003

人

Battisti, O. (2014, May). *le placebo chez l'enfant: actualisation des données scientifiques.* Paper presented at Enseignement post-universitaire de l'université de Liège: journées de mai 2014.
http://hdl.handle.net/2268/182776

人

Battisti, O. (2014, May). *le placebo chez l'enfant: actualisation scientifique.* Paper presented at enseignement post universitaire de l'université de Liège.
http://hdl.handle.net/2268/170884

Battisti, O. (2013, March 12). *Douleur et inconfort chez l'enfant.* Paper presented at EPU.ULG, Liège.
http://hdl.handle.net/2268/144742

Battisti, O. (2012, December). *Carnet de pédiatrie en Afrique: Approche du développement psychomoteur de l'enfant.* Paper presented at Certificat de médecine scolaire.
http://hdl.handle.net/2268/136836

人

Battisti, O. (2012, November). *Le sommeil chez l'enfant: physiologie, physiopathologie et éléments thérapeutiques.* Paper presented at colloques de pédiatrie.
http://hdl.handle.net/2268/134511

Battisti, O. (2010, May). *Les indications de la toxine botulique chez l'enfant infirme moteur cérébral.* Paper presented at enseignement postuniversitaire de la faculté de médecine, Liège, belgium.
http://hdl.handle.net/2268/35644

Battisti, O. (2010, May). *Lorsque l'attachement mère-enfant est difficilie.* Paper presented at Enseignement post universitaire de la faculté de médecine, Liège, belgium.
http://hdl.handle.net/2268/35641

Battisti, O. (2009, October 25). *L'énurésie chez l'enfant: actualisation de la compréhension, l'évaluation et le traitement.* Paper presented at Enseignement post-universitaire de la Faculté de médecine, Liège, belgium.
http://hdl.handle.net/2268/36009

Battisti, O. (2004, April 01). *Toxicomanie: prise en charge du nouveau-né.* Paper presented at 12° rencontre du GIPPL, Liège, Liège.
http://hdl.handle.net/2268/97189

Battisti, O. (1991). *La croissance du prématuré en alimentation entérale: effet de la diète et du status pondéral à la naissance.* Paper presented at -.
http://hdl.handle.net/2268/15353

9. Colloques et congrès scientifiques

9.a. Sur invitation

À portée internationale

Battisti, O. (2008, December 10). *Approche physiopathologique du nouveau-né et de l'enfant en soins intensifs.* Paper presented at réunions des soins intensifs, Liège, Belgium.
http://hdl.handle.net/2268/20137

Battisti, O. (2007, September 29). *Les répercussions chez l'enfant du trouble psychique du parent : de la vie fœtale à plus tard.* Paper presented at Colloque « les fées ne sont pas penchées sur mon berceau", Liège, Belgique.
http://hdl.handle.net/2268/15509
Peer reviewed ✓

Battisti, O. (2007). *Physiopathologie des troubles psychosomatiques du nourrisson.* Paper presented at congrès annuel de la Société Marcé, Bruxelles, Belgique.
http://hdl.handle.net/2268/15508
Peer reviewed ✓

Marion, W., Battisti, O., Anthopoulou, N., François, A., Langhendries, J. P., & Maton, P. (2007). *Cathéter épicutanéo-cave double voie versus simple voie: une étude randomisée chez le nouveau-né prématuré.* Paper presented at 13° journées francophones de recherche en néonatologie, Toulouse, France.
http://hdl.handle.net/2268/20450
Peer reviewed ✓

Battisti, O., Kalenga, M., François, A., Langhendries, J. P., & Bertrand, J. M. (1998). *Early HFOV parameters and respiratory outcome in RDS newborns less than 32 weeks of gestational age.* Paper presented at international symposium on HFVO, Ovifat,

Belgique.
http://hdl.handle.net/2268/15526
Peer reviewed ✓

Battisti, O. (1997). *Respiratory profile in RDS infants assisted by primary HFOV using an early lung volume optimization strategy and a selective surfactant therapy*. Paper presented at international symposium on HFVO, Ovifat, Belgique.
http://hdl.handle.net/2268/15525
Peer reviewed ✓

Battisti, O., Kalenga, M., François, A., Langhendries, J. P., Gerstmann, D. R., & Bertrand, J. M. (1997). *Respiratory profile in RDS infants assisted by primary HFOV*. Poster session presented at first european conference on high frequency ventilation, ovifat, belgium.
http://hdl.handle.net/2268/15523
Peer reviewed ✓

Battisti, O., Langhendries, J. P., Bertrand, J. M., François, A., Kalenga, M., Darimont, J., & Scalais, E. (1997). *Pharmacodynamie des aminoglycosides et optimisation de leur pharmacocinétque en néonatologie*. Paper presented at Journée annuelle de néonatalogie, paris, france.
http://hdl.handle.net/2268/15524
Peer reviewed ✓

Battisti, O., Bertrand, J. M., Guissard, F., François, A., & Langhendries, J. P. (1993). *Early use of HFOW in the management of hyaline membrane disease in prematurely born neonates*. Paper presented at Snowbird high frequency conference, Salt Lake city.
http://hdl.handle.net/2268/15522
Peer reviewed ✓

Battisti, O., Danhaive, O., Detry, J., Withofs, L., Beghin, C., Adant, J. F., & François, A. (1993). *incidence and etiologic factors for acquired brain lesions in very low birthweight infants*. Paper presented at second world congress of perinatal medicine, rome, italy.
http://hdl.handle.net/2268/16764

Battisti, O., François, A., Scalais, E., Langhendries, J. P., Bertrand, J. M., & Withofs, L. (1992). *Predicting neurological outcome in preterms : ultrasounds? evoked potentials*. Paper presented at neurologie, tours, france.
http://hdl.handle.net/2268/15518
Peer reviewed ✓

Battisti, O., Lecart, C., Guissard, F., François, A., Langhendries, J. P., & Bertrand, J. M. (1992). *Pulmonary mechanics in full term and prematurely born neonates during the first two weeks of life*. Paper presented at - vienna, austria.
http://hdl.handle.net/2268/15517

Battisti, O., Lecart, C., Guissard, F., François, A., Langhendries, J. P., & Bertrand, J. M. (1992). *Respiratory system compliance in prematurely born neonates with idiopathic respiratory distress syndrome : prognostic value*. Paper presented at - vienna, austria.
http://hdl.handle.net/2268/15516

Battisti, O., Danhaive, O., Detry, J., Bertrand, J. M., Withofs, L., François, A., & Langhendries, J. P. (1991). *Epiddémiologie des lésions de l'encéphale chez l'enfant en-dessous de 1500g*. Paper presented at Groupe de contact "épidémiologie périnatale, Bruxelles, belgium.
http://hdl.handle.net/2268/20273
Peer reviewed ✓

Battisti, O., Armengol, A., Bertrand, J. M., & Withofs, J. P. (1987). *Babies below 1001 g at birth after intrauterine growth retardation.I.Neonatal aspects*. Paper presented at Journée d'étude du Groupe de Contact d' Epidemiologie Perinatale, Bruxelles.
http://hdl.handle.net/2268/15492

Battisti, O., Gérard, P., & Bachy, A. (1979). asphyxia in high risk pregnancies and deliveries. *Symposium on fetal medicine*.
http://hdl.handle.net/2268/15511
Peer reviewed ✓

À portée nationale

Battisti, O. (2013, December 18). *lutte contre la mortalité périnatale: actualisation de l'asphyxie périnatale*. Paper presented at société congolaise de gynécologie et d'obstétrique, bukavu (RDC), République démocratique du Congo.
http://hdl.handle.net/2268/160269

Battisti, O. (2009). traitement de la spasticité chez l'enfant: aspects pratiques. *journal belge du pédiatre*.
http://hdl.handle.net/2268/15820
Peer reviewed ✓

Battisti, O. (2007). Spasticité chez l'enfant. *Blueprint, 83*, 6.
http://hdl.handle.net/2268/15510

Battisti, O. (2007). *The white matter damage in neonates by inflammation*. Paper presented at Journées annuelles de pédiatrie.
http://hdl.handle.net/2268/15507
Peer reviewed ✓

Battisti, O. (2006, June). *Obésité: aube hésitée, et quoi pour moi demain*. Paper presented at Quatrième journée médicale interactive de la clinique Saint-Vicent de Rocourt, Amay, Belgium.
http://hdl.handle.net/2268/18931
Peer reviewed ✓

Battisti, O., Maton, P., François, A., Jordan, I., Langhendries, J. P., & Kalenga, M. (2002). *Do antenatal steroids affect postnatal head growth ?* Paper presented at Journées annuelles de pédiatrie.
http://hdl.handle.net/2268/15527
Peer reviewed ✓

Battisti, O. (1999). *Foetus et nouveau-né: deux poids, deux mesures*. Paper presented at décision en médecine périnatale: la qualité de la vie de l'enfant, un critère discutable ?, Bruxelles, belgium.
http://hdl.handle.net/2268/20265

Battisti, O. (1999). *Place des parents dans les services de médecine foetale et de néonatalogie: de l'idéal à la réalité*. Paper presented at Journée d'étude de l'unité d'éthique biomédicale, Bruxelles, belgium.
http://hdl.handle.net/2268/20266

Battisti, O. (1998). *Les aspects particuliers de la prise en charge des naissances multiples en période néonatale*. Paper presented at Journée d'étude en néonatalogie, Bruxelles, belgium.
http://hdl.handle.net/2268/20269

Battisti, O., Adant-François, A., Bertrand, J. M., Kalenga, M., & Langhendries, J. P. (1998). *The foundations of fetal and neonatal nutrition*. Paper presented at Journée annuelle de néonatalogie, Liège, Belgique.
http://hdl.handle.net/2268/15505
ORBi viewed: 15 (5 ULg) — SCOPUS®: -

Battisti, O., Geets, A. F., Bertrand, J. M., Adant-François, A., Kalenga, M., & Langhendries, J. P. (1998). *Aspects pragmatiques concernant le streptocoque beta- hémolytique du groupe B durant la grossesse et l'accouchement. In: Infections et grossesses*. Paper presented at journée du GBOGLF, Bruxelles, Belgique.
http://hdl.handle.net/2268/15506
Peer reviewed ✓
ORBi viewed: 54 (3 ULg) — SCOPUS®: -

Battisti, O., Detaille, T., François, A., Kalenga, M., Langhendries, J. P., & Bertrand, J. M. (1997, October 24). *A two year experience with primary high frequency ventilation in neonatal respiratory distress syndrome*. Paper presented at first european conference on HFOV, ovifat, belgium.
http://hdl.handle.net/2268/16772
Peer reviewed ✓
ORBi viewed: 28 (2 ULg) — SCOPUS®: -

Battisti, O., Rausin, L., Khamis, J., Bertrand, J. M., Kalenga, M., François, A., & Langhendries, J. P. (1997, October 24). *X ray in RDS with HFOV and surfactant: what has changed ?* Paper presented at first european conference on high frequency ventilation, Ovifat, belgium.
http://hdl.handle.net/2268/16770
Peer reviewed ✓
ORBi viewed: 18 (1 ULg) — SCOPUS®: -

Battisti, O. (1997, May 30). *Diabète et grossesse: l'attitude du pédiatre*. Paper presented at Diabète et grossesse, Liège, Belgium.
http://hdl.handle.net/2268/19152
ORBi viewed: 40 — SCOPUS®: -

Battisti, O. (1997). *Les aléas de l'adolescence: l'impact d'une maladie chronique sur le développement*. Paper presented at Carrefour sur l'es aléas de l'adolescence confrontée à une maladie chronique: la mucoviscidose, Fleurus, belgium.
http://hdl.handle.net/2268/20272
ORBi viewed: 27 — SCOPUS®: -

Battisti, O. (1997). *Infants of diabetic mothers: the pediatrician point of view*. Paper presented at Journée annuelle de néonatalogie, Liège, Belgique.
http://hdl.handle.net/2268/15502
ORBi viewed: 5 (1 ULg) — SCOPUS®: -

Battisti, O. (1997). *La neuroprotection du nouveau-né.In: Epidémiologie Périnatale*. Paper presented at Journée d'étude du Groupe de Contact d' Epidemiologie Perinatale, Liège, Belgique.
http://hdl.handle.net/2268/15503
Peer reviewed ✓
ORBi viewed: 16 (1 ULg) — SCOPUS®: -

Battisti, O., Adant-François, A., Bertrand, J. M., Kalenga, M., & Langhendries, J. P. (1997). *Bases physiologiques et psychologiques des différentes formes de relations entre le bébé et ses parents. In:Naître et grandir, fin des années 90*. Paper presented at Journée annuelle de néonatalogie, Liège, Belgique.
http://hdl.handle.net/2268/15504
Peer reviewed ✓
ORBi viewed: 12 (3 ULg) — SCOPUS®: -

Battisti, O. (1996, September 24). *Le handicap qui fait chavirer la tête et celui qui fait chavirer le souffle d'une famille*. Paper presented at L'annonce du handicap, La Hestre, Belgium.
http://hdl.handle.net/2268/19149
ORBi viewed: 23 (2 ULg) — SCOPUS®: -

Battisti, O. (1995). *Anatomical foundations and histological correlations in acquired brain injuries in the preterm infants. Developmental outcome of at risk neonates*. Paper presented at Journée annuelle de néonatalogie, Liège, Belgique.
http://hdl.handle.net/2268/15501
ORBi viewed: 16 (2 ULg) — SCOPUS®: -

Battisti, O. (1994, November 15). *L'écho-Doppler en médecine néonatale*. Paper presented at Réunion obstétrico-pédiatrique, Tournai, Belgium.
http://hdl.handle.net/2268/19150
ORBi viewed: 12 — SCOPUS®: -

Battisti, O. (1994). *L'intégration des parents dans un service de néonatologie. In : la collaboration interdisciplinaire autour du jeune enfant*. Paper presented at groupement belge des pédiatres francophones, Namur, Belgique.
http://hdl.handle.net/2268/15500
Peer reviewed ✓
ORBi viewed: 44 — SCOPUS®: -

Battisti, O., Bustos, R., François, A., Langhendries, J. P., & Bertrand, J. M. (1993). *Percutaneous intrapulmonary drainage of acquired pseudocystic formations in neonates ventilated for hyaline membrane disease*. Paper presented at Journées annuelles de pédiatrie.
http://hdl.handle.net/2268/15520
Peer reviewed ✓
ORBi viewed: 9 (2 ULg) — SCOPUS®: -

Battisti, O., Dehalleux, I., Withofs, L., François, A., Bertrand, J. M., Chedid, F., & Langhendries, J. P. (1993). *Hyperechogenic brain densities : relevance of perinatal etiologic factors*. Paper presented at Journées annuelles de pédiatrie.
http://hdl.handle.net/2268/15521
Peer reviewed ✓
ORBi viewed: 13 — SCOPUS®: -

Battisti, O., Jacques, I., François, A., Langhendries, J. P., & Bertrand, J. M. (1993). *Calcified obstructing tracheobronchitis in a neonate. Case report*. Paper presented at Journées annuelles de pédiatrie.
http://hdl.handle.net/2268/15519
Peer reviewed ✓
ORBi viewed: 7 — SCOPUS®: -

Battisti, O., Adant-François, A., Bertrand, J. M., Langhendries, J. P., Withofs, L., & Bruwier, S. (1992). *Follow-up de 190 nouveau-nés a risque : résultats préliminaires*. Paper presented at Journées annuelles de pédiatrie, Gent, Belgique.
http://hdl.handle.net/2268/15514
Peer reviewed ✓
ORBi viewed: 4 — SCOPUS®: -

Battisti, O., Bertrand, J. M., François, A., & Langhendries, J. P. (1992). *L'examen de la circulation cérébrale par le Doppler chez le nouveau-né*. Paper presented at 20° journée annuelle de la Soc Belg Péd, Gent, Belgique.
http://hdl.handle.net/2268/15496
ORBi viewed: 20 — SCOPUS®: -

Battisti, O., François, A., Bertrand, J. M., & Langhendries, J. P. (1992). *Les conséquences a long-terme du retard de croissance intra-utérin réactualisées*. Paper presented at Groupement belge des gynécologues et obstétricens de langue française, Mons, Belgique.
http://hdl.handle.net/2268/15498
Peer reviewed ✓
ORBi viewed: 17 — SCOPUS®: -

Battisti, O., François, A., Withofs, L., Bertrand, J. M., & Langhendries, J. P. (1992). *Epidémiologie des lésions de l'encéphale chez l'enfant de moins de 1001 g (étude multicentrique, cercle francophone de néonatalogie)*. Paper presented at Journée annuelle de néonatalogie, Liège, Belgique.
http://hdl.handle.net/2268/15499
ORBi viewed: 23 (7 ULg) — SCOPUS®: -

Battisti, O., Langhendries, J. P., Beckers-Fosseprez, D., Evrard, J., Khamis, J., Bertrand, J. M., & François, A. (1992). *Les sténoses intestinales, complications de l'entérocolite nécrosante en période néonatale*. Paper presented at Journées annuelles de pédiatrie, gent, Belgique.
http://hdl.handle.net/2268/15515
Peer reviewed ✓
ORBi viewed: 50 — SCOPUS®: -

Battisti, O., Danhaive, O., Detry, J., Bertrand, J. M., Withofs, L., François, A., & Langhendries, J. P. (1991). *Periventricular*

haemorrhage and white matter lesions in babies born below 1 kg. Paper presented at Journée d'étude du Groupe de Contact d' Epidemiologie Perinatale, Bruxelles, Belgique.
http://hdl.handle.net/2268/15513
Peer reviewed ✓

Battisti, O., & François, A. (1991). *Acute and chronic brain hypoxia.* Paper presented at Journée abbuelle de néonatalogie, Liège, Belgique.
http://hdl.handle.net/2268/15497

Battisti, O., François, A., Bertrand, J. M., Withofs, L., Armengol, A., & Langhendries, J. P. (1990). *Aspects tissulaires et biochimiques de la croissance foetale et néonatale.* Paper presented at 9° journée nationale de néonatalogie, Liège.
http://hdl.handle.net/2268/15495

Battisti, O., Withofs, L., Armengol, A., Bertrand, J. M., & Langhendries, J. P. (1989). *Le nouveau-né en-dessous de 1001 g.* Paper presented at Groupement belge des gynécologues et obstétricens de langue française, Bruxelles.
http://hdl.handle.net/2268/15494

Battisti, O., Bertrand, J. M., & Langhendries, J. P. (1988). *Hypoglycémie et hypoxie cérébrales.* Paper presented at Journée annuelle de la société de neurologie infantile belge, Leuven, Belgique.
http://hdl.handle.net/2268/15493
Peer reviewed ✓

Battisti, O., Bertrand, J. M., Withofs, L., & Langhendries, J. P. (1987, April). *Aspects métaboliques et hémodynamiques des lésions de l'encéphale chez le nouveau- né.* Paper presented at Symposium international de néonatalogie, Liège.
http://hdl.handle.net/2268/15491

Battisti, O. (1985, June 09). *Etude de la croissance cérébrale chez le nouveau-né: aspects cliniques et échographiques.* Paper presented at 4° journée annuelle nationale de néonatalogie, Liège, Belgique.
http://hdl.handle.net/2268/15490

Battisti, O., Bachy, A., & Gérard, P. (1983, November 21). *Les malformations congénitales dans un service de néonatologie.* Paper presented at Neuvième réunion scientifique de l'Association des Epidémiologistes de Langue Française.
http://hdl.handle.net/2268/15489
Peer reviewed ✓

Battisti, O., Gérard, P., & Bachy, A. (1983). *L'alimentation parentérale systématique diminue-t-elle le risque d'ECN chez l'enfant de très petit poids de naissance.* Paper presented at Journée annuelle de néonatalogie, Liège, Belgique.
http://hdl.handle.net/2268/15512

Battisti, O., Bachy, A., Grandjean, A., & Gérard, P. (1982, March 27). *Etude longitudinale par ultrasonographie en temps réel des lésions de l'encéphale chez le nouveau né malade.* Paper presented at Journées annuelles de pédiatrie, ULG, Sart Tilman, belgique.
http://hdl.handle.net/2268/15486

Battisti, O. (1981, March 20). *etude de la tolérance biologique de l'alimentation parentérale chez le nouveau-né < 1500 g.* Paper presented at Groupe contact du FNRS, Université de Liège, belgique.
http://hdl.handle.net/2268/15364
Peer reviewed ✓

9.b. Sur proposition personnelle

Publiées

À portée internationale

Avec peer reviewing

Battisti, O., François-Adant A, Kalenga M, & Langhendries JP. (1997). Morbidité après naissance: sectio-césarienne ou induction: une perspective néonatale. In J. J., Amy, *Bevallen in het jaar 2000*. St Niklaas, Belgium: Yearbook VVOG.
http://hdl.handle.net/2268/19154
Peer reviewed ✓
ORBi viewed: **33** (2 ULg) — SCOPUS®: -

À portée nationale

Battisti, O., & Emonts, P. (2012). la dépression maternelle en post-partum: actualisation et points pratiques. *colloque de l'EPU-Ulg.*
http://hdl.handle.net/2268/123328
Peer reviewed ✓
ORBi viewed: **90** (14 ULg) ; downloaded: **97** (7 ULg) — SCOPUS®: -

Battisti, O. (2004). L'attachement et ses difficultés: repérages et compréhension. In J. M., Bertrand, *Troisième journée interactive du CHVE-CHC*. CHC.
http://hdl.handle.net/2268/1081
ORBi viewed: **43** (2 ULg) ; downloaded: **57** (1 ULg) — SCOPUS®: -

Communications uniquement orales ou poster

À portée internationale

Saliba, M., Bourcy, E., Lapotre, T., GKIOUGKI, E., KEFALA, K., NYAMUGABO MUNYERE NKANA, K., & Battisti, O. (2014, March). *A propos du retard de croissance intra-utérin*. Poster session presented at journées annuelles de la société belge de pédiatrie, bruxelles, belgique.
http://hdl.handle.net/2268/165856
Peer reviewed ✓
ORBi viewed: **62** (8 ULg) ; downloaded: **100** (9 ULg) — SCOPUS®: -

Battisti, O., NYAMUGABO MUNYERE NKANA, K., & MAZOIN, N. (2012, May). *the importance of late neuronal migration in the neonatal and following periods*. Paper presented at european academy of childhood disabilities.
http://hdl.handle.net/2268/112491
Peer reviewed ✓
ORBi viewed: **34** (10 ULg) ; downloaded: **29** (8 ULg) — SCOPUS®: -

Battisti, O. (2010, May). *Thoughts on fetal growth: tissues and nutrition*. Paper presented at Nestlé research.
http://hdl.handle.net/2268/113022
Peer reviewed ✓
ORBi viewed: **9** ; downloaded: **20** — SCOPUS®: -

Battisti, O., Biebuyck, N., Kalenga, M., François, A., Langhendries, J. P., & Bertrand, J. M. (1998, October 21). *primary HFOV in near term and term neonates with respiratory failure*. Paper presented at second european conference on HFVO, ovifat, belgium.
http://hdl.handle.net/2268/16776
ORBi viewed: **12** — SCOPUS®: -

Battisti, O., Vanclaire, J., François, A., Chedid, F., Bertrand, J. M., & Langhendries, J. P. (1992). *Group b streptococcus infection in the perinatal period: proposed scheme of prevention*. Poster session presented at meeting of the european society of perinatal medicine, amsterdam, netherlands.
http://hdl.handle.net/2268/18282
Peer reviewed ✓

À portée nationale

Battisti, O. (2002, June 08). *L'abord de l'enfant vu aux urgences pédiatriques*. Paper presented at Journée interactive médicale du CHC, Limont, Belgium.
http://hdl.handle.net/2268/16729

Battisti, O. (2002, April 22). *La surcharge pondérale chez l'enfant: un problème qui concerne toute la famille*. Paper presented at L'obésité: un problème de poids, Sol Cress, Belgium.
http://hdl.handle.net/2268/16732

Battisti, O. (2001, November 23). *L'annonce du diagnostic en post-partum: un moment toujours douloureux*. Paper presented at L'annonce du diagnostic dans les premières années de vie, Gembloux, Belgium.
http://hdl.handle.net/2268/16730

Battisti, O. (2001, October 01). *Quand père et mère vont de paire: une place pour le père*. Paper presented at Naissance et co-naissance: le point-de-vue des acteurs du terrain, Liège, Belgium.
http://hdl.handle.net/2268/18932
Peer reviewed ✓

Battisti, O. (2001). *je me sens concerné parce que je t'aime*. Paper presented at Naissance et co-naissance, LIEGE, Belgium.
http://hdl.handle.net/2268/16733

Battisti, O. (2000, June 10). *Réflexions sur le nursing en périodes obstétricale et néonatale*. Paper presented at Journée annuelle de néonatalogie, LIEGE, Belgium.
http://hdl.handle.net/2268/16728

Battisti, O. (1999, October 15). *La prise en charge globale du deuil périnatal en interdisciplinarité*. Paper presented at le deuil et ses conséquences sur la famille, LIEGE, Belgium.
http://hdl.handle.net/2268/16727

Battisti, O., Petermans, M. F., François, A., Langhendries, J. P., Kalenga, M., & Bertrand, J. M. (1997, October 24). *spontaneous pneumothorax treated by HFOV*. Paper presented at first european conference on HFOV, ovifat, belgium.
http://hdl.handle.net/2268/16774

Battisti, O., Gérard, P., & Bachy, A. (1982). *insuffisance throïdienne transitoire du nouveau-né: épidémiologie et clinique*. Paper presented at symposium sur l'insuffisance thyroïdienne du nouveau-né, leuven, belgium.

Battisti, O., Langhendries, J. P., Bachy, A., Gérard, P., Hamels, J., & Koutny, J. (1981). *Atrésie iléale congénitale à cytomegalovirus.* Paper presented at journées annuelles de pédiatrie, bruxelles.
http://hdl.handle.net/2268/16751

12. Documents pédagogiques

Battisti, O. (2014). *Carnet de pédiatrie: physiologie respiratoire de l'enfant.*
http://hdl.handle.net/2268/173351

Battisti, O. (2014). *Carnet de pédiatrie en Afrique: Précis de neurologie pédiatrique.*
http://hdl.handle.net/2268/175614

Battisti, O. (2014). *Carnet de pédiatrie: maladies infectieuses et immunologie.*
http://hdl.handle.net/2268/175632

Battisti, O. (2013). *Carnet de pédiatrie en Afrique: mon stage en pédiatrie.*
http://hdl.handle.net/2268/151139

Battisti, O. (2013). *Carnet de pédiatrie en Afrique: propédeutique clinique et d'imagerie.*
http://hdl.handle.net/2268/146965

Battisti, O., & Zigabe Mushamuka, S. (2013). *L'asthme ou le spectre asthmatique chez l'enfant.*
http://hdl.handle.net/2268/145211

Battisti, O. (2013). *Carnet de pédiatrie en Afrique: Physiologie rénale.*
http://hdl.handle.net/2268/142112

Battisti, O. (2013). *Carnet de pédiatrie: néphrologie de l'enfant.*
http://hdl.handle.net/2268/143572

Battisti, O. (2013). *Elements de nutrition pédiatrique.*
http://hdl.handle.net/2268/158086

Battisti, O., & DRESSE, M.-F. (2013). *Carnet de pédiatrie: hématologie et douleur de l'enfant.*
http://hdl.handle.net/2268/144495

Battisti, O., & DUBRU, J.-M. (2013). *Neonatal seizures or convulsions.*
http://hdl.handle.net/2268/144488
ORBi viewed: **80** (6 ULg) ; downloaded: **1331** (4 ULg) — SCOPUS®: -

Battisti, O. (2012). *Carnet de pédiatrie en Afrique: Médecine et psychologie périnatales en pratique.*
http://hdl.handle.net/2268/130656
ORBi viewed: **70** (9 ULg) ; downloaded: **7310** (15 ULg) — SCOPUS®: -

Battisti, O. (2012). *Le massage corporel selon Tiffany Field.*
http://hdl.handle.net/2268/120080
ORBi viewed: **81** (4 ULg) ; downloaded: **16** (2 ULg) — SCOPUS®: -

Battisti, O. (2012). *L'obésité de l'enfant: Rencontre et parole donnée.*
http://hdl.handle.net/2268/117797
ORBi viewed: **30** (7 ULg) ; downloaded: **19** (9 ULg) — SCOPUS®: -

Battisti, O., & Académie américaine de pédiatrie. (2012). *Carnet de pédiatrie en Afrique: Démonstration de la prise-en-charge du nouveau-né.*
http://hdl.handle.net/2268/117805
ORBi viewed: **68** (14 ULg) ; downloaded: **60** (11 ULg) — SCOPUS®: -

Battisti, O. (2012). *carnet de pédiatrie en Afrique: Les conséquences de la prématurité.*
http://hdl.handle.net/2268/114039
ORBi viewed: **89** (15 ULg) ; downloaded: **268** (11 ULg) — SCOPUS®: -

Battisti, O. (2012). *Carnet de pédiatrie en Afrique: Croissance et nutrition néonatale.*
http://hdl.handle.net/2268/123658
ORBi viewed: **45** (5 ULg) ; downloaded: **50** (6 ULg) — SCOPUS®: -

Battisti, O. (2012). *la méthode conductive selon Petho.*
http://hdl.handle.net/2268/108001
ORBi viewed: **93** (5 ULg) ; downloaded: **179** (2 ULg) — SCOPUS®: -

Battisti, O. (2012). *Bases physiopathologiques de la nutrition de l'enfant.*
http://hdl.handle.net/2268/134256
ORBi viewed: **39** (6 ULg) ; downloaded: **803** (6 ULg) — SCOPUS®: -

Battisti, O. (2012). *Carnet de pédiatrie en Afrique: L'observation du nouveau-né: inconfort et douleur.*
http://hdl.handle.net/2268/120112
ORBi viewed: **40** (3 ULg) ; downloaded: **16** (3 ULg) — SCOPUS®: -

Battisti, O. (2012). *Carnet de pédiatrie en Afrique: les gestes et acte techniques en néonatologie.*
http://hdl.handle.net/2268/116219
ORBi viewed: **66** (7 ULg) ; downloaded: **45** (7 ULg) — SCOPUS®: -

Battisti, O. (2012). *Carnet de pédiatrie en Afrique: Révision de la pédiatrie (questions et réponses).*
http://hdl.handle.net/2268/112823
ORBi viewed: **88** (16 ULg) ; downloaded: **326** (15 ULg) — SCOPUS®: -

Battisti, O. (2012). *carnet de pédiatrie: Les troubles de l'hydratation.*
http://hdl.handle.net/2268/133185
ORBi viewed: **51** (5 ULg) ; downloaded: **521** (7 ULg) — SCOPUS®: -

Battisti, O. (2012). *Cas cliniques de pédiatrie: Sainte-Justine et Ulg.*
http://hdl.handle.net/2268/113296
ORBi viewed: **64** (7 ULg) ; downloaded: **3681** (14 ULg) — SCOPUS®: -

Battisti, O. (2012). *Le concept de la programmation néonatale revisité* (Université de Liège, Faculté de Médecine, Enseignement clinique de la pédiatrie).
http://hdl.handle.net/2268/113408
ORBi viewed: **23** ; downloaded: **49** — SCOPUS®: -

Battisti, O. (2012). *Eléments de néphrologie pédiatrique en diaporama.*
http://hdl.handle.net/2268/114049
ORBi viewed: **49** (2 ULg) ; downloaded: **160** (2 ULg) — SCOPUS®: -

Battisti, O. (2012). *The human antenatal and neonatal growth revisited.*
http://hdl.handle.net/2268/105468
ORBi viewed: **35** (6 ULg) ; downloaded: **68** (5 ULg) — SCOPUS®: -

Battisti, O., & Als, H. (2012). *Les bases et la méthode illustrée des soins du développement néonatal.*
http://hdl.handle.net/2268/119814
ORBi viewed: **27** (2 ULg) ; downloaded: **12** (1 ULg) — SCOPUS®: -

Battisti, O. (2011). *Carnet de pédiatrie en Afrique: Basic perinatal care* (Université de Liège, master complémentaire en pédiatrie).
http://hdl.handle.net/2268/113028
ORBi viewed: **25** (1 ULg) ; downloaded: **61** (2 ULg) — SCOPUS®: -

Battisti, O. (2011). *A propos du concept des soins du développement chez le nouveau-né* (Ulg, faculté de médecine, formation en master complémentaire de pédiatrie).
http://hdl.handle.net/2268/92042
ORBi viewed: **81** (6 ULg) ; downloaded: **117** (7 ULg) — SCOPUS®: -

Battisti, O. (2011). *Echographie et autres imagerie du cerveau périnatal.*
http://hdl.handle.net/2268/87184
ORBi viewed: **48** (11 ULg) ; downloaded: **402** (17 ULg) — SCOPUS®: -

Battisti, O. (2011). *Le concept et la réalisation de l'examen néonatal selon Brazelton.*
http://hdl.handle.net/2268/87224
ORBi viewed: **31** (7 ULg) ; downloaded: **18** (6 ULg) — SCOPUS®: -

Battisti, O. (2011). *Le test de Bailey.*
http://hdl.handle.net/2268/87223
ORBi viewed: **57** (8 ULg) ; downloaded: **27** (5 ULg) — SCOPUS®: -

Battisti, O. (2011). *ictère du nouveau-né au-delà de 35 semaines: aspects pratiques.*
http://hdl.handle.net/2268/86830
ORBi viewed: **70** (7 ULg) ; downloaded: **608** (12 ULg) — SCOPUS®: -

Battisti, O. (2010). *Carnet de pédiatrie en Afrique : microbiologie.*
http://hdl.handle.net/2268/41218
ORBi viewed: **97** (23 ULg) ; downloaded: **1018** (24 ULg) — SCOPUS®: -

Battisti, O. (2010). *Carnet de pédiatrie en Afrique: Introduction à l'électrophysiologie de l'enfant.*
http://hdl.handle.net/2268/3823
ORBi viewed: **88** (13 ULg) ; downloaded: **583** (13 ULg) — SCOPUS®: -

Battisti, O. (2010). *carnet de pédiatrie en Afrique: Notions d'oncologie chez l'enfant.*
http://hdl.handle.net/2268/40568
ORBi viewed: **104** (26 ULg) ; downloaded: **807** (28 ULg) — SCOPUS®: -

Battisti, O. (2010). *carnet de pédiatrie en Afrique:maladies infectieuses et immunologie.*
http://hdl.handle.net/2268/30500
ORBi viewed: **151** (41 ULg) ; downloaded: **1528** (46 ULg) — SCOPUS®: -

Battisti, O. (2010). *Carnet de pédiatrie: hématologie et immunologie.*
http://hdl.handle.net/2268/22180
ORBi viewed: **172** (45 ULg) ; downloaded: **4819** (42 ULg) — SCOPUS®: -

Battisti, O. (2010). *Le fil rouge du développement neurobiologique et comportemental de l'enfant de 0 à 5 ans* (Clinique de pédiatrie: 3° et 4° doctorats en médecine).
http://hdl.handle.net/2268/36012
ORBi viewed: **47** (5 ULg) ; downloaded: **29** (4 ULg) — SCOPUS®: -

Battisti, O. (2010). *carnet de pédiatrie en Afrique: Pneumologie.*
http://hdl.handle.net/2268/34261
ORBi viewed: **163** (37 ULg) ; downloaded: **1039** (33 ULg) — SCOPUS®: -

Battisti, O. (2010). *carnet de pédiatrie: gastro-entérologie.*
http://hdl.handle.net/2268/10237
ORBi viewed: **152** (36 ULg) ; downloaded: **1833** (40 ULg) — SCOPUS®: -

Battisti, O., Brasseur, E., D'Orio, V., & Hartstein, G. (2010). *Réanimation aux urgences pédiatriques.*
http://hdl.handle.net/2268/40756
ORBi viewed: **188** (44 ULg) ; downloaded: **441** (44 ULg) — SCOPUS®: -

Battisti, O. (2010). *carnet de pédiatrie en Afrique: l'examen neurologique du nouveau-né.*
http://hdl.handle.net/2268/35649
ORBi viewed: **199** (9 ULg) ; downloaded: **2933** (14 ULg) — SCOPUS®: -

Battisti, O. (2009). *Main brain damages in the premature and at term newborns: pathophysiology an treatment* (Cours pour l'obtention du master complémentaire en pédiatrie, faculté de médecine, ULG).
http://hdl.handle.net/2268/36010
ORBi viewed: **19** (1 ULg) ; downloaded: **207** (1 ULg) — SCOPUS®: -

Battisti, O. (2009). *carnet de pédiatrie en Afrique: Algorithmes en pédiatrie.*
http://hdl.handle.net/2268/32899
ORBi viewed: **133** (28 ULg) ; downloaded: **2456** (48 ULg) — SCOPUS®: -

Battisti, O. (2009). *carnet de pédiatrie en Afrique: Cardiologie pédiatrique.*
http://hdl.handle.net/2268/34102
ORBi viewed: **124** (17 ULg) ; downloaded: **2441** (15 ULg) — SCOPUS®: -

Battisti, O. (2009). *carnet de pédiatrie: douleur, inconfort et angoisse chez le nouveau-né et l'enfant.*
http://hdl.handle.net/2268/27460
ORBi viewed: **100** (28 ULg) ; downloaded: **528** (25 ULg) — SCOPUS®: -

Battisti, O. (2009). *La rétinopathie du prématuré.*
http://hdl.handle.net/2268/25015
ORBi viewed: **112** (19 ULg) ; downloaded: **505** (12 ULg) — SCOPUS®: -

Battisti, O. (2009). *carnet de pédiatrie en Afrique: notes de pédiatrie comportementale.*
http://hdl.handle.net/2268/22978
ORBi viewed: **96** (19 ULg) ; downloaded: **193** (13 ULg) — SCOPUS®: -

Battisti, O. (2009). *carnet de pédiatrie en Afrique: Réanimation du nouveau-né.*
http://hdl.handle.net/2268/21348
ORBi viewed: **132** (35 ULg) ; downloaded: **198** (31 ULg) — SCOPUS®: -

Battisti, O. (2009). *carnet de pédiatrie en Afrique: Sémiologie cardiorespiratoire orientée* (Introduction sémiologique pédiatrique aux modules cardio-respiratoires).
http://hdl.handle.net/2268/20711
ORBi viewed: **105** (25 ULg) ; downloaded: **293** (18 ULg) — SCOPUS®: -

Battisti, O. (2009). *Carnet de pédiatrie: les éruptions cutanées chez l'enfant.*
http://hdl.handle.net/2268/23682
ORBi viewed: **164** (44 ULg) ; downloaded: **528** (42 ULg) — SCOPUS®: -

Battisti, O. (2009). *white matter damage in perinatal brain.*
http://hdl.handle.net/2268/23678
ORBi viewed: **21** (6 ULg) ; downloaded: **95** (1 ULg) — SCOPUS®: -

Battisti, O. (2009). *carnet de pédiatrie en Afrique: Médecine néonatale.*
http://hdl.handle.net/2268/16168
ORBi viewed: **136** (42 ULg) ; downloaded: **4819** (38 ULg) — SCOPUS®: -

Battisti, O. (2009). *carnet de pédiatrie en Afrique: Néphrologie.*
http://hdl.handle.net/2268/16844
ORBi viewed: **146** (43 ULg) ; downloaded: **1246** (37 ULg) — SCOPUS®: -

Battisti, O. (2009). *carnet de pédiatrie en Afrique: Notes de sémiologie pédiatrique.*
http://hdl.handle.net/2268/18722
ORBi viewed: **212** (56 ULg) ; downloaded: **1913** (44 ULg) — SCOPUS®: -

Battisti, O. (2009). *carnet de pédiatrie en Afrique: pédiatrie de base.*
http://hdl.handle.net/2268/16645
ORBi viewed: **119** (38 ULg) ; downloaded: **1754** (33 ULg) — SCOPUS®: -

Battisti, O., & Battisti, O. (2009). *carnet de pédiatrie en Afrique: Chirurgie pédiatrique illustrée.*
http://hdl.handle.net/2268/24720
ORBi viewed: **124** (25 ULg) ; downloaded: **1175** (17 ULg) — SCOPUS®: -

Battisti, O. (2008). *carnet de pédiatrie en Afrique: Eléments de pathologie circulatoire néonatale.*
http://hdl.handle.net/2268/25366
ORBi viewed: **47** (14 ULg) ; downloaded: **179** (12 ULg) — SCOPUS®: -

Battisti, O. (2008). *Elements of neonatal neurology.*
http://hdl.handle.net/2268/23706
ORBi viewed: **32** (12 ULg) ; downloaded: **686** (8 ULg) — SCOPUS®: -

Battisti, O. (2008). *carnet de pédiatrie en Afrique: Eléments d'endocrinologie périnatale.*
http://hdl.handle.net/2268/27433
ORBi viewed: **69** (10 ULg) ; downloaded: **196** (7 ULg) — SCOPUS®: -

Battisti, O. (2008). *Chirurgie pédiatrique en exemples.*
http://hdl.handle.net/2268/23684
ORBi viewed: **55** (13 ULg) ; downloaded: **716** (7 ULg) — SCOPUS®: -

Battisti, O. (2008). *Elements of perinatal biochemistry and nutrition.*
http://hdl.handle.net/2268/23705
ORBi viewed: **25** (9 ULg) ; downloaded: **62** (4 ULg) — SCOPUS®: -

Battisti, O. (2008). *Notes de pédiatrie développementale.*
http://hdl.handle.net/2268/26207
ORBi viewed: **71** (10 ULg) ; downloaded: **1658** (7 ULg) — SCOPUS®: -

Battisti, O. (2008). *Notes de rhumatologie pédiatrique.*
http://hdl.handle.net/2268/26206
ORBi viewed: **163** (30 ULg) ; downloaded: **834** (28 ULg) — SCOPUS®: -

Battisti, O. (2008). *Carnet de pédiatrie en Afrique: Notes de chirurgie et imagerie.*
http://hdl.handle.net/2268/15362
ORBi viewed: **76** (26 ULg) ; downloaded: **3492** (26 ULg) — SCOPUS®: -

Battisti, O. (2008). *carnet de pédiatrie en Afrique: pathologies uro-néphrologiques.*
http://hdl.handle.net/2268/15361
ORBi viewed: **111** (31 ULg) ; downloaded: **3281** (23 ULg) — SCOPUS®: -

Battisti, O. (2008). *Pathologie hépato-digestive pédiatrique: 2° cycle en médecine.*
http://hdl.handle.net/2268/15356
ORBi viewed: **63** (17 ULg) ; downloaded: **1697** (13 ULg) — SCOPUS®: -

Battisti, O. (2008). *Pathologies cardio-respiratoires pédiatriques: 2° cycle.*
http://hdl.handle.net/2268/15355
ORBi viewed: **62** (20 ULg) ; downloaded: **4650** (17 ULg) — SCOPUS®: -

Battisti, O. (2008). *Pathologies hémato-oncologiques et douleur pédiatriques: 2° cycle.*
http://hdl.handle.net/2268/15358
ORBi viewed: **64** (18 ULg) ; downloaded: **422** (13 ULg) — SCOPUS®: -

Battisti, O. (2008). *Pathologies immunitaires, infectieuses et rhumatologiques pédiatriques: 2° cycle.*
http://hdl.handle.net/2268/15360
ORBi viewed: **95** (29 ULg) ; downloaded: **2785** (27 ULg) — SCOPUS®: -

Battisti, O. (2008). *Préparation aux cliniques de chirurgie pédiatrique.*
http://hdl.handle.net/2268/25852
ORBi viewed: **77** (19 ULg) ; downloaded: **4672** (22 ULg) — SCOPUS®: -

Battisti, O., & Debray, F.-G. (2008). *the ketogenic diet in infants.*
http://hdl.handle.net/2268/23834
ORBi viewed: **34** (8 ULg) ; downloaded: **41** (2 ULg) — SCOPUS®: -

Battisti, O. (2007). *carnet de pédiatrie:orthopédie et traumatologie de l'enfant.*
http://hdl.handle.net/2268/27365
ORBi viewed: **67** (21 ULg) ; downloaded: **874** (18 ULg) — SCOPUS®: -

Battisti, O. (2007). *L'examen infantile du développement selon Mary Sheridan.*
http://hdl.handle.net/2268/87226
ORBi viewed: **11** (1 ULg) ; downloaded: **2** (1 ULg) — SCOPUS®: -

Battisti, O. (2007). *carnet de pédiatrie: Neurophysiologie néonatale explicative et illustrée.*
http://hdl.handle.net/2268/15363
ORBi viewed: **40** (19 ULg) ; downloaded: **254** (9 ULg) — SCOPUS®: -

Battisti, O. (2007). *Les détresses respiratoires néonatales.*
http://hdl.handle.net/2268/24715
ORBi viewed: **45** (5 ULg) ; downloaded: **108** (2 ULg) — SCOPUS®: -

Battisti, O. (2007). *Techniques de ventilation respiratoire du nouveau-né.*
http://hdl.handle.net/2268/24716
ORBi viewed: **63** (12 ULg) ; downloaded: **147** (7 ULg) — SCOPUS®: -

Battisti, O. (2006). *Préparation aux cliniques: examen neurologique de l'enfant.*
http://hdl.handle.net/2268/27364
ORBi viewed: **55** (16 ULg) ; downloaded: **1089** (12 ULg) — SCOPUS®: -

Battisti, O. (2005). *The Precthl's method for neurological examination of neonates.*
http://hdl.handle.net/2268/25011
ORBi viewed: **91** (12 ULg) ; downloaded: **31** (4 ULg) — SCOPUS®: -

Battisti, O. (2005). *Les troubles de l'attention, l'hyperactivité chez l'enfant.*
http://hdl.handle.net/2268/25014
ORBi viewed: **72** (14 ULg) ; downloaded: **112** (8 ULg) — SCOPUS®: -

Battisti, O. (2004). *Elements of muscle's pathology in pediatrics.*

Battisti, O. (2003). *The practice of muscles infiltration of botulinic toxin in spasticity*.

Battisti, O. (2003). *Le développement foetal*.

Battisti, O. (2003). *The practice of transcranial doppler in neonates*.

Battisti, O. (1997). *Prématurité et émotions (pulsations)* (RTBF édition). Bruxelles, Belgium: RTBF.

14. Allocutions et communications diverses

14.a. Articles grand public ou de vulgarisation

Battisti, O. (2006, June 03). Obésité chez l'enfant. *RTC: 7 minutes de santé*.
Peer reviewed ✓

Battisti, O. (1999). Papa, mamn et moi. *RTBF Magazine "Papa, maman et moi"*.
Peer reviewed ✓

14.b. Conférences données hors contexte académique

Battisti, O. (2000). *Les paroles, les regards et les mains: m'eau à la bouche*. Paper presented at Papa, mamn, bébé et compagnie: semaine de la promotion de la santé du nourrisson et de sa famille, Liège, belgium.

Battisti, O. (1993). *Interest of cerebral Doppler in neonates*. Paper presented at Exposé sur le Doppler cerebral du nouveau-né, Liège, belgium.

Battisti, O. (1990). *Cerebral blood flow velocities in the newborn respiratory disease and surgery*. Paper presented at Weekly lectures of perinatal and biomolecular medicine, Melbourne, Australia.

Battisti, O. (1990). *Perinatal care in Belgium*. Paper presented at Weekly lectures of perinatal and biomolecular medicine, Melbourne, Australia.

Battisti, O., Bachy, A., & Gérard, P. (1981). *Le nouveau né de mère diabétique*. Paper presented at 1° journée de médecine périnatale, Charleroi, Belgique.